अँजुरी भर सावन

(कविता-संग्रह)

- डॉ0 अर्चना श्रीवास्तव

अँजुरी भर सावन

(कविता-संग्रह)

- डॉ0 अर्चना श्रीवास्तव

डॉ0 रमाकान्त श्रीवास्तव साहित्यिक संस्थान (पंजी.)
लखनऊ

Made with ❤ on the Notion Press Platform
www.notionpress.com

समर्पयामि

मेरे जीवन के सहयात्री !

प्रस्तर से प्रसून बनने, जीवन के झंझावातों से जूझ कर, वीरानों से घर की देहरी तक पहुँचने की जीवन-यात्रा की स्मृतियों को संजोये मैं, ''अंजुरी भर सावन'' में भीगे अभिव्यक्ति के अक्षर-अक्षर तुम्हें समर्पित करती हूँ।

सजल श्रद्धा

''अँजुरी भर सावन'' की कुछ बूँदें

ख्वाबों और खयालों को आँखें बंद कर बुनते रहना।
कैसे भूलूँ, गुजरे पल का अपनेपन में डूबे रहना।

(एहसास प्यार का)

❖

मन करता है पंछी बन मै दूर गगन में उड़ जाऊँ।
अपने इन जज्बात को, अम्बर के मन पर लिख आऊँ।।

(धरती और अम्बर)

❖

ये सपनों का नगर नहीं कनक गुम्बद न गिनना।
इस नगर का वासी बन, स्वेद मसि से नभ पर लिखना।।

(मेरे साथ चलो)

❖

आसमान की उजास, उपवन का सुवास।
प्रकृति का मधुमास, ये है भोर का मृदुहास।

(उजला सबेरा)

❖

क्षणभंगुरता का चिंतन, यदि दर्शन बन मुखरित हो जाय।
द्विगुणित ऊर्जा में डुब डूब, सारा जीवन सुरसरि बन जाय।।

(क्षणभंगुर जीवन)

❖

गले मिल टप टप रो रही फुलवारी आली।
पिय के द्वारे बरखा का, परछन करती हरियाली।।

(बरखा)

प्रकाशकीय

शैशवावस्था में माँ के आँचल की छाँव तले सुनी लोरियाँ, बाल कहानियाँ और गीत, दादा-दादी की गोद का राजसी सुख सा दुलार सारे के सारे हमारे व्यक्तित्व के रचक होते हैं। इन्हीं रचकों- घटकों से निर्मित है शिक्षाविद् डॉ0 अर्चना श्रीवास्तव का व्यक्तित्व जिसकी परिणति आपकी साहित्यिक प्रतिभा है।

डॉ0 अर्चना ने जीवन की अनुभूतियों को इस संग्रह की रचनाओं में उकेर कर एक सिद्धस्थ रचयित्री-कवयित्री रूप-स्वरूप में साहित्य जगत् में पूर्व में अपने कहानी-संग्रह 'थाती' के कहानीकार रूप के समानान्तर 'कवयित्री' को अभिलेखित किया है। इस कविता-संग्रह 'अँजुरी भर सावन' को साहित्याकाश पटल पर प्रदीप्तमान कर।

आपके पति डॉ0 प्रमोद चन्द्र श्रीवास्तव उत्तर प्रदेश सरकार के जन विश्लेषक पद से सेवानिवृत्त अधिकारी थे। आप एक कर्मठ, दृढ़, ईमादार उदार प्रकृति अधिकारी थे।

डॉ0 अर्चना स्वयं शिक्षाविद, उपन्यासकार, साहित्यकार, स्वतंत्रता संग्राम सेनानी स्मृतिशेष जगदीश कुमार निगम (उन्नाव) की सुपुत्री हैं। मेरे स्मृतिशेष पिता और निगम साहब में प्रगाढ़ भ्रातवत-मैत्री सम्बन्ध थे।

.... मैंने अपने सहपाठी, मित्र, हितचिन्तक जगदीश कुमार निगम द्वारा ''सिविल क्लब'' की स्थापना करने पर क्लब के कार्यक्रमों में रुचि लेनी शुरू कर दी तो उन्होंने मुझे उसका प्रधानमंत्री बना दिया। स्वयं अध्यक्ष थे। क्लब में लगभग 80 युवा सदस्य थे जिनके लिए, हाकी, फुटबाल, क्रिकेट आदि खेलों के लिए आवश्यक सामान की व्यवस्था

क्लब द्वारा की जाती थी। क्लब के द्वारा एक चलता-फिरता पुस्तकालय भी चलाया जा रहा था। अंग्रेजी की लघु पत्रिका ''ट्वाइलाइट'' और हिन्दी की पत्रिका 'झोपड़ी' का प्रकाशन किया जा रहा था। क्लब के लिए चन्दा वसूल करने मैं और जगदीश उन्नाव के सम्भ्रान्त लोगों के पास जाया करते थे। कई बार श्री राजेन्द्र शंकर चौधरी (सुमित्रा कुमारी सिन्हा के पति व निराला के 'कुकुरमुत्ता' के प्रकाशक) आवास 'युग मन्दिर' भी हम दोनों चन्दा माँगने गये। तो उनके ड्राइंग रूम में निराला जी के अट्टहास को सुनकर डर जाते और भाग जाते।

('अतीत का दर्पण' -1, आत्मकथा- डॉ0 रमाकान्त श्रीवास्तव से साभार)

डॉ0 अर्चना श्रीवास्तव, मेरी अग्रजा ने अपने 'अँजुरी भर सावन' कविता- संग्रह का प्रकाशन कर सकने का सुअवसर मुझे प्रदान किया इसके लिए आभारी हूँ। कविता-संग्रह 'अँजुरी भर सावन' पाठकगण और साहित्य समीक्षकों के समक्ष प्रस्तुत कर आल्हादित हूँ।

- विनय श्रीवास्तव

(प्रकाशक)

'काव्याश्रम', एल 6/एल 96,

सेक्टर एल, अलीगंज लखनऊ- 226024

चल दूरभाष : 9839911815

ईमेल : v.vinay6874@gmail.com

'अँजुरी भर सावन' की रचियित्री :
डॉ0 अर्चना श्रीवास्तव

मातृ-पितृ भक्ति स्वरूपा पूर्व प्राचार्य, डॉ0 अर्चना श्रीवास्तव को एक श्रेष्ठ कवयित्री के रूप में देखकर अच्छा लगा।

डॉ0 अर्चना श्रीवास्तव के विषय में अधिक जानकारी श्री विनय श्रीवास्तव सुपुत्र डॉ0 रमाकान्त श्रीवास्तव के माध्यम से प्राप्त हुई।

डॉ0 अर्चना के पिता और विनय श्रीवास्तव के पिता (साहित्य ओर सम्पादन के पुरोधा रहे) छात्र जीवन-युवावस्था में संग-संग सामाजिक-रचनात्मक कार्यों में संलग्न रहते हुए देश के स्वतंत्रता आन्दोलन के भागीदार भी रहे ।

जब उन्होंने डॉ0 रमाकान्त श्रीवास्तव साहित्यिक संस्थान, लखनऊ का गठन किया तो जाहिर है डॉ0 अर्चना श्रीवास्तव सरीखे साहित्यकार उनसे सम्पर्क करेंगे ही खासतौर वे लोग जो अच्छे प्रकाशक की तलाश में इधर-उधर भटकते हैं।

उन्होंने यह कहकर परिचय दिया था कि कविता-संग्रह में अधिकांश कविताएँ अतुकान्त होंगी लेकिन हमें पाण्डुलिपि देख कर प्रसन्नता हुई कि करीब आधे से अधिक संख्या तुकान्त कविताओं की है।

हिन्दी साहित्य में एक श्रेष्ठ कवयित्री का काव्य हस्ताक्षर इस संग्रह के प्रकाशन से अभिलेख बनने जा रहा है।

संग्रह के अंश जो अच्छे लगे -

"आशाओं के बुझते दीपों को जज्बात रोशनी देते हों।
वर्ष ! तेरी पदचापों से पतझड़ बसन्त बन जाते हों।।"

अँजुरी भर सावन

डॉ0 अर्चना श्रीवास्तव को इस काव्य-संग्रह के लिए हार्दिक बधाई, आशीर्वाद।

देवकी नंदन 'शांत'

'साहित्यभूषण'

पूर्व महा प्रबन्धक, उ.प्र.पावर कार्पोरेशन

सम्पर्क : ''शांतम्'', 10/30/02,इंदिरापुरम्

लखनऊ-226016

चल दूरभाष : 9935217841 व 8840549296

प्रेम की अँजुरी में सावनी भावों की बूँदें : 'अँजुरी भर सावन' - डॉ0 कुसुम सिंह 'अविचल'

'अँजुरी भर सावन' डॉ0 अर्चना श्रीवास्तव कृत शीघ्र प्रकाश्य काव्य-संग्रह की पाण्डुलिपि मेरे समक्ष है। संग्रह का नामकरण सारगर्भित व मुख पृष्ठ इतना आकर्षक है कि प्रथम दृष्टया संग्रह को अनवरत् पढ़ने के लिए पाठक को प्रोत्साहित करेगा।

मैं इस संग्रह की दो स्वतः चयनित रचनाओं पर अपना मत प्रस्तुत कर रही हूँ, जो पूरे काव्य-संग्रह की उत्कृष्टता का द्योतक भी हैं, जिन पर अपनी प्रतिक्रिया लिखने से खुद को रोक न सकी ।

'अँजुरी भर सावन' शीर्षक ही गागर में सागर भरने जैसा है। काव्य-संग्रह की रचनाओं ने पूरे सावन को अपनी अँजुरी में समेट लिया है।

प्रथम रचना - 'अम्बर और धरती' में प्रतीकों के माध्यम से वह प्रेमी युगल, जो अम्बर और धरती की भाँति कभी मिल नहीं पाते, की विरह पीड़ा को, अथक मिलन प्रतीक्षा को और मिलने की आशा को बड़ी कुशलता से अभिव्यक्त किया है ।

'धरती' को प्रेयसी और 'अम्बर' को प्रेमी के रूप में कवयित्री अर्चना देखती हैं । दोनों के मिलन की उत्कृष्ट इच्छा -- कि धरती जैसी प्रेयसी पंछी बन उड़कर गगन को छू लेना चाहती है, अपने एहसास अम्बर पर लिखने का भाव रखती है। प्रियतम से मेघ बनकर आँगन में बरसने को कहती है, नीले अम्बर को ओढ़नी बनाकर ओढ़ने की कल्पना करती है, लेकिन वास्तव में मिलन नहीं हो पाता। एक भ्रांति मात्र बन कर रह जाता है। इसी विरह-वेदना को कवयित्री ने नदिया से सागर तक पहुँचाया है

और वे प्रेम की वेदना को समझते हुए धरती रूपी नायिका को जल दर्पण में अम्बर रूपी नायक को दिखाती हैं। जबकि इससे दूरियाँ कम नहीं होती, मात्र प्रेमी-प्रेमिका को आभासी दर्शन से संतुष्ट होना पड़ता है। तब प्रिया रूपी धरती और अम्बर रूपी प्रिय उसी सागर से अपने प्रणय का साक्षी बनाते हुए उससे ही अपनी प्रेम कहानी को जग से कहने को बाध्य करते हैं। जिससे उनका प्रेम अमर हो सके और साथ ही उनका प्रेम शाश्वत सिद्ध हो सके। कवयित्री ने अपनी इस रचना में प्रेम को एक साधना रूप में परिभाषित कर उसे गरिमामयी पुनीत आयाम और ऊँचाई दी है।

द्वितीय रचना - 'माँ' में माँ की ममता को कवयित्री ने लिखा ही नहीं बल्कि जिया है.. माँ की महिमा, यूँ तो अवर्णनीय है किन्तु आपने अद्‌भुत उपमाओं से अलंकृत कर उसे सिद्ध करने का उपादान किया है उसमें किसी सीमा तक आप सफल भी रही हैं। माँ को भावनात्मक रूप से ममता की दुशाला कहने वाली कवयित्री ने माँ की गुरूता को रचनाकार की आधार लेखनी की अक्षर माला कह कर लेखनी बद्ध करने का सफल प्रयास किया है। कवयित्री ने माँ की शिवता को हिम किरीट तक पहुँचाया है, शुभता में घर की तुलसी, घर का शिवाला, भोर का उजाला, परिवार के लिए अन्नपूर्णा जैसी भोजन की रसशाला, जीवन का चंचु निवाला, आजीवन दुःखों से टक्कर देती ज्वाला, जीवन स्रष्टा, सृष्टि की बीज शाला जैसी उपमाओं का प्रयोग कर कवयित्री ने माँ के विराट स्वरूप को, माँ के महात्म्य को बड़ी तन्मयता से वर्णित किया है।

बानगी के तौर पर यह रचनाएँ आपके पूरे काव्य-संग्रह की उत्कृष्टता का प्रतिनिधित्व करती प्रतीत होती हैं । डॉ0 अर्चना श्रीवास्तव की शब्दावलि भी स्वयं में अनुपमेय और अनुपम है। आपके काव्य का

भावपक्ष और कलापक्ष दोनों ही सुदृढ़ है। रचनाओं को साहित्य की कसौटी पर खरा सिद्ध करने में सक्षम है। पाठक को रसास्वादन कराती हुई आपकी काव्य कृति एक के बाद एक रचनाएँ पढ़ने को आतुर करने की क्षमता रखती है। निस्संदेह दृष्टि की समग्रता से आपका काव्य-संग्रह 'अँजुरी भर सावन' साहित्य की एक अमूल्य सिद्ध निधि है। साहित्य-जगत् के लिए एक अनुपम उपहार के तौर पर पाठक इसे हाथों हाथ लेंगे । मुझे आशा ही नहीं पूर्ण विश्वास है।

मैं श्रेष्ठ कवयित्री अर्चना श्रीवास्तव को इस काव्य-संग्रह की संग्रहीत रचनाओं के लिए बधाई देती हूँ। साथ ही हार्दिक शुभकामनाएँ प्रेषित करती हूँ।

शुभेच्छु

डॉ0 कुसुम सिंह 'अविचल'

(पूर्व पं.ने.बैंक अधिकारी)

साहित्यकार, वक्ता, साहित्य-समीक्षक

सम्पर्क : 1145, रतन लाल नगर, कानपुर-208022

चलदूरभाष : 8318972712

"अनुभूतियों की अँजुरी : सावन की बूँदें"

अन्तर्मन की अनुभूतियों का मौन, जब परिष्कृत और अलंकृत भाषा का प्रवाह बन, सरस शब्दों में मुखरित होता है तो जनमानस सावनी फुहार जैसे मनोरम भावों में भीग-भीग जाता है। ये अनुभूतियाँ यदि करुणा जन्य हैं तो निस्संदेह अभिव्यक्तियाँ पाठकों के दिलों में अपना घर बना लेती हैं।

मुझे इसी सन्दर्भ में एक प्रसंग याद आ रहा है जो प्रेरणा बन मेरे जहन की गहराइयों में समाया हुआ है -

एक व्यक्ति रोजी-रोटी की तलाश में नित्य नये रास्ते से होकर गुजरता था। अपने घर से वह तीन पोटलियाँ लेकर निकलता था। जिनमें से एक में चूल्हे सिकी रोटी व गुड़, दूसरी में पंछियों के लिए दाना, तीसरी में फूलों के पौधों के बीज होते थे। वह रास्ते में, मेड़ के उस पार भूमि में फूलों के बीजों को मिट्टी में बोता हुआ आगे बढ़ जाता। मार्ग में यदि कहीं घने जंगलों में पंछियों की चहचहाट सुनाई पड़ती तो वह उनके लिए दाना बिखेर देता था। वह अपनी धोती के छोर में पत्तों को बिछाकर गाँठ लगाकर, कुएँ में लटकाता और पानी निकाल कर, दोनों में भर-भर कर जगह-जगह पंछियों के पीने के लिए रख देता। नये-नये रास्तों से गुजरते हुए, वह ऐसा नित्य किया करता था।

एक दिन एक गाँव वाले ने उसे ऐसा करते देख पूछा "भइया ! तुम जमीन में फूलों के बीज क्यों बोया करते हो ? तुम तो ठहरे राहगीर, यहाँ इर्द-गिर्द तुम्हारी जमीन तो है नहीं, जहाँ रुककर या घर बनाकर तुम इन खिलते हुए फूलों को देख सकोगे और न ही तुम इन फूलों को बेचकर धन ही कमा सकोगे तो फिर जगह-जगह बीजों को बोने का, निरर्थक श्रम तुम क्यों करते हो ?"

राहगीर हँसा और बोला, "अरे भइया ! ऐसा मत कहो, तुम अगर

इस तरह सोचोगे तब तो आसमान, जमीन, बादल और हवाएँ सभी अपना-अपना लाभ सोचने लगेंगे फिर तो पौधों को, फूलों को लेकर सभी का जबाब दे पाना मुश्किल हो जायेगा। ऐसा नहीं सोचते मेरे भाई। मैं इन दिनों जीविका को लेकर बहुत कठिन दौर से गुजर रहा हूँ। यह सब करते हुए मेरे दिल में खुशियों की लहरें उछाल लेने लगती हैं और मैं अपने दुःखों से हल्का हो जाता हूँ । मेरे मित्र ! मैं फूलों को देख सकूँ या न देख सकूँ, मैं रहूँ या न रहूँ मगर इतना तो निश्चित है कि मेरे जैसा कष्टों से बोझिल कोई व्यक्ति जब कभी यहाँ से गुजरेगा तो वह फूलों की मुस्कान और सुगंध से खुश होकर कुछ पल यहाँ बैठकर अपना दर्द जरूर भूल जायेगा। तब उस व्यक्ति की इस आनन्दमयी अनुभूति से मेरी आज की सारी मेहनत वसूल हो जायेगी। मैं बस यही सोचकर जगह-जगह फूलों के बीज बोता हूँ और पंछियों को दाना और पानी देता हूँ। यह प्रसंग कहाँ का है ? किसने लिखा ? किसने सुनाया ? और कैसे यह मेरी श्रुति परम्परा में आया ? मुझे कुछ भी याद नहीं, हाँ इतना अवश्य है कि इसका मेरे अवचेतन मन पर गहरा प्रभाव है।

इस प्रसंग की यह सीख है कि प्रकृति, जीवों और मानव को संतुलन के साथ एक दूसरे का पूरक होना चाहिए। इन तीनों को जोड़ने वाला जो रासायनिक द्रव्य है.... वह है कारुणिक समरसता अर्थात सम्बन्धों में परस्पर करुणा जन्य भाव। बादल उमड़ घुमड़ कर जो जल बरसाते हैं वह प्रकृति के प्रति प्रेमाद्र भाव है। यह भाव ही घनी हरियाली बन, चारों तरफ छा जाता है। बतखों और हंसों का बड़ी देर तक सरोवर में तैरना, रंग बिरंगी मछलियों का गहरी नदी में डुबकी लगाना, उतराना और जल प्रवाह के संग अठखेलियाँ करना..... चिड़ियों का घरों की मुंडरों पर रखे पानी से भरे सकोरों में चोंच डुबो-डुबो कर प्यास बुझाना, पंख फैलाकर छपाक छपाक कर अपने आपको भिगोना और फिर निडर होकर घरवालों के पास से गुजरते हुए चहारदिवारी से लेकर आँगन तक

चहचहाना और ठुमक-ठुमक कर चलना प्रेमाद्र भाव की समरसता को दर्शाता है। किसी प्रसंग को देखकर या सुनकर मानव-मन जब भावुक हो जाता है तो उसकी आँखों से इसी तरह का करुणाद्र जल छलक जाता है। उसे लगता है कि महसूस करने वाला हर दर्द, हर व्यथा उसकी अपनी है। भावों का यह अपनापन ही कारुणिक समरसता है जो सम्बन्धों को प्रगाढ़ बनाती है।

प्रकृति और जीवधारियों की इन्हीं समस्त अनुभूतियों को करुणाद्र करने के लिए ही मैंने अपने काव्य-संग्रह के मुख पृष्ठ पर सावन की बूँदों के लिए अँजुरी पसारी है।

जीवन और जल में घनिष्टता के साथ एकरूपता है। आँखों का आँसू हो या धरती की नदियाँ और सागर या बादलों की बूँदें सभी आद्र होकर प्रकृति और जीवधारियों में परस्पर करुणा का संचार करती हैं क्योंकि कि करुणा नम होती है आद्र होती है। करुणा का यह संचरण ही आपसी सम्बन्धों को जड़ से मजबूत करता है।

सागर के तट छूती मचलती लहरों या पहाड़ों से होकर गुजरती गंगा की निर्मल धारा को कभी एकाग्र चित्त होकर निकट से बैठकर देखिए आपको लगेगा कि सारी वेदनाएँ दिल से निकल कर जल में प्रवाहमान हो गई हैं और मन-मस्तिष्क, नये विचारों, नये समाधानों से पुष्ट होता चला जा रहा है। ये अनुभूति ही करुणा पूरित भावों की सृष्टि है, जो मानवता को आतंक, अलगाव, क्रूरता और युद्ध से दूर रखती है क्योंकि प्रेम और करूणा सिक्त चिंतन सकारात्मकता का पोषक है। साहित्य जगत में महाकवि सुमित्रानन्दन पंत ने इन्हीं विचारों की "निकलकर नयनों से चुपचाप वही कविता होगी अन्जान" कहकर परिपुष्टि की है। मेरे काव्य संग्रह में मुख पृष्ठ पर दर्शायी अँजुरी, जो सावन की बूँदों को अपने में भर लेना चाहती है, इसी भाव की अनुकृति है। 'अँजुरी भर सावन' काव्य-संग्रह छन्द मुक्त विधा में विरचित है।

पाठकों की रुचि में आद्योपांत वृद्धि होती रहे, इस दृष्टि से मैंने भावों को रसों का अनुगामी बनाने की सफल चेष्टा की है। इस संग्रह में सामाजिक सरोकार से जुड़े वैविध्यपूर्ण विषयों को प्रतिपादित किया गया है, विशेषकर वह विषय, जो युवाओं में नैराश्य, अवसाद और असफलता का भय उत्पन्न करते हैं, को मैनें सकारात्मकता देने का प्रयास किया है, जिससे युवा वर्ग अपने लक्ष्य की ओर निरन्तर बढ़ते रहें। प्रकृति के विविध उपादान, नारी, सामाजिक रिश्ते, पर्वों, मातृभूमि, करोना, देव स्तवन और धर्म जैसे अनेक विषयों पर मैनें अपनी मौलिक अभिव्यक्ति दी है। अपने इष्ट को साक्ष्य मानकर, मेरी लेखनी इस आस में निरन्तर चला करती है कि अँजुरी भर अनुभूतियों में सावन की बूँदों जैसी करुणाद्रता सम्मिश्रित होकर कुछ ऐसा सृजन कर सके, जो समय की धारा के साथ सर्वदा प्रवाहमान रहे।

मैं न तो विदुषी हूँ न ही साहित्यकार मैं तो साहित्य मंदिर की देहरी का स्पर्श कर, प्रवेश को आतुर, एक साहित्य आराधक भर हूँ। मेरा यह पूर्ण विश्वास है कि मेरी भरपूर कोशिश के उपरान्त, काव्य-संग्रह में यदि कहीं त्रुटियाँ शेष रह गयी हैं तो मेरे सुधी पाठक जन उनके प्रति क्षमा भाव रखेंगे।

अंत में मैं 'अँजुरी भर सावन' काव्य-संग्रह के प्रकाशक विनय श्रीवास्तव, जो स्वनामधन्य साहित्यकार स्मृतिशेष डॉ0 रमाकान्त श्रीवास्तव के सुपुत्र हैं तथा उनके नाम से स्थापित साहित्यिक संस्थान के अध्यक्ष हैं, साहित्य समीक्षक-आलोचक, लेखक और कवि भी हैं, को स्नेहसिक्त धन्यवाद देती हूँ। आपके कठोर श्रम और समर्प्यभाव ने मेरे काव्य-संग्रह को सुन्दर और सुनियोजित रूप प्रदान किया।

साभार

डॉ0 अर्चना श्रीवास्तव

तिथि : 22 जनवरी 2024

अनुक्रमणिका

माँ शारदे

हिम के श्वेत पटल पर माँ वाणी तेरा स्वर गूँजे,
व्योम सजाये वीणा कर में धरती आँगन झूम उठे।

छन्द-छन्द में, ऋग यजु गूँजे
सामवेद हो सप्तस्वरों में,
शब्दार्थों के मंगल घट से,
अर्ध्य समर्पित है अथर्व को,
वेदों की स्तुति सुन-सुन कर,
झाँझ मजीरे बोल उठे।

व्योम सजाये वीणा कर में धरती आँगन झूम उठे।
हिम के श्वेत पटल पर माँ वीणा तेरा स्वर गूँजे।

अक्षर-अक्षर रामायण हो,
शब्द-शब्द में हो गीता।
भाषा की सरिता में बह कर,
ज्ञान स्वयं सुर गंगा हो।
भाव सलिल के अंजलि पुट में,
फिर-फिर मानस डूब चले।

व्योम सजाये वीणा कर में धरती आँगन झूम उठे।
हिम के श्वेत पटल पर माँ वीणा तेरा स्वर गूँजे।

❖ ❖ ❖ ❖ ❖

अम्बर और धरती

मन करता है पंछी बन मैं दूर गगन में उड़ जाऊँ।
अपने इन जज़्बात को अम्बर के मन पर लिख आऊँ।

मेरे प्रिय वर ! हे जीवनधन ! तेजोमय हे नभ विशाल !
शापित मिलन तेरा मेरा, यही सोच मैं हूँ बेहाल।
घोर दुपहरी ने मुझसे फूल भरी, धानी चूनर छीनी है।
कुम्हलाने को कोमल काया, गर्मी की चाल सयानी है।

मन करता है पंछी बन मैं दूर गगन में उड़ जाऊँ।
अपने इन जज़्बात को अम्बर के मन पर लिख आऊँ।

शब्द-शब्द को चुन-चुन मैं, भावों की रचना कर डालूँ।
श्वांस-श्वांस चढ़, अम्बर को, प्रेम ग्रन्थ भेंट कर डालूँ।
मेरे प्रियतम मेघा बन तुम आओ, मेरे घर आँगन में।
ठंडी बूँदों को छू-छू मैं, थिरकूँगी तेरी श्वासों में।

मन करता है पंछी बन मैं दूर गगन में उड़ जाऊँ।
अपने इन जज़्बात को अम्बर के मन पर लिख आऊँ।

तुझ जैसी नील चुनरिया मैं, नदिया में देखा करती हूँ।
उसे ओढ़ने को ही मैं तट बनकर, सिमटा करती हूँ।
सावन भीगे अक्षरों की, तुम्हें मधुरितु पाती लिख डालूँ।
भोर उजास के हाथ भेज, बोझलता हल्की कर डालूँ।

मन करता है पंछी बन मैं दूर गगन में उड़ जाऊँ।
अपने इन जज़्बात को अम्बर के मन पर लिख आऊँ।

खिल-खिल कर नील कमल, जब नीली चादर बन बिछते हैं।
तेरी भ्रान्ति में मेरे पग, तब ठुमुक-ठुमुक नाचते हैं।
मेरी विरह वेदना, नदिया सागर पढ़ते रहते हैं।
दोनों मिल कर जल-दर्पण में, तेरा बिम्ब दिखाया करते हैं।

मन करता है पंछी बन मैं दूर गगन में उड़ जाऊँ।
अपने इन जज़्बात को अम्बर के मन पर लिख आऊँ।

जग हित में प्रेमी द्वय की, विरह व्यथा मैं गा डालूँ।
या इस पक्षपात पर, नियति को आरोपी बना डालूँ।
दुनिया को जीवन देने में, ये दूरी कभी न कम होगी।
हम दो तन के हैं प्राण एक, ये बात स्वीकारनी होगी।

मन करता है पंछी बन मैं दूर गगन में उड़ जाऊँ।
अपने इन जज़्बात को अम्बर के मन पर लिख आऊँ।

❖ ❖ ❖ ❖ ❖

ये ख़ुशियाँ

ज़िन्दगी के सफ़र में खुशियों की चाहत,
बहुत आम होती हैं।
ये न पैदा होती हैं न ही ख़ैरात में मिलती हैं।
इसे जबरन या उम्मीदों के साथ,
आप खुद में या अपने अज़ीज़ में
जब-जब तलाशेंगे,
'खुशी' खास बन कर खफ़ा हो जायेगी।
इसे तो सहज मना होकर,
आम लोगों में तलाशिये,
तो भर जायेगा आपका दामन।
और आप इसकी खुशबू से,
तरोताज़ा होकर कह उठेंगे,
खुशियाँ कितनी सस्ती, कितनी आम होती हैं।

❖ ❖ ❖ ❖ ❖

एहसास प्यार का

तुम चाहे जितना दूर रहो, एहसासों में मिलते रहना।
जब फूलों के नजदीक रहो, तब यादों को महका लेना।।

बागीचों के पेड़ों पर लिखा मेरा नाम भले ही मिटा देना।
लेकिन मेरे जज़्बात को धड़कन में जीने देना।

तुम चाहे जितना दूर रहो, एहसासों में मिलते रहना।
जब फूलों के नजदीक रहो, तब यादों को महका लेना।।

नदिया के तट, पर्वत झरने, बादल बूँदों में खो जाना।
तेरे हाथों के झोकों से, धरती का नभ को छू लेना।

तुम चाहे जितना दूर रहो, एहसासों में मिलते रहना।
जब फूलों के नजदीक रहो, तब यादों को महका लेना।।

झुरमुट में उलझी चूनर को, छोड़ तेरे संग इठलाना।
रेतीले पर्वत पर तेरे संग, चढ़ना और उतर जाना।

तुम चाहे जितना दूर रहो, एहसासों में मिलते रहना।
जब फूलों के नजदीक रहो, तब यादों को महका लेना।।

दबे पाँव छत पर जाकर तेरे खत को छुपकर पढ़ना।
उंगली की पोरों में निशि दिन मिलने का दिन गिनते रहना।

तुम चाहे जितना दूर रहो, एहसासों में मिलते रहना।
जब फूलों के नजदीक रहो, तब यादों को महका लेना।।

ख़्वाबों और ख्यालों को, आँखें बंद कर बुनते रहना।
कैसे भूलूँ? गुजरे पल का, अपनेपन में डूबे रहना।

तुम चाहे जितना दूर रहो, एहसासों में मिलते रहना।
जब फूलों के नजदीक रहो, तब यादों को महका लेना।।

❖❖❖❖❖

मित्रता

शरीर से बहते हुए रक्त को,
अन्दर मौजूद उसी का
कुटुम्बी रक्त नहीं रोक पाता
लेकिन गैर माने जाने वाला
'पानी' ठंडा बन जम जाता है
और थाम लेता है
रक्त के बहाव को
पानी की इस मित्रता के सामने
हार जाता है रक्तिम रिश्ता
मित्रता उम्र बढ़ा देती है
हमारी जिजीविषा की
गले लग, कंधे पर हाथ रख,
थपथपाती है पीठ और कहती है
मैं हूँ ना..... चिंता मत कर मित्र।

❖ ❖ ❖ ❖ ❖

प्रकृति बधूटी

किसकी है पदचाप झनाझन किससे विहंसा मन मृग-छौना है।
धरती पर पद की परछायीं या पलकों का बिछा बिछौना है।।

लालता रचित नूपुर के पग या कलरव संग हुआ सबेरा है।
कोमल नख की विलसित आभा या कलियों ने किया बसेरा है।।

थम-थम कर डग भरती तन्वी का, वसन तरंगित है जल जैसा।
इन्द्रधनुष के अवगुंठन से, मुख झाँक रहा चन्दा जैसा।।

ये हरियाली की दस्तक है या नभ ने धरती को ओढ़ा है।
अलकों बिच सिंदूरी रेखा या घनी घटा में बाल सूर्य ही उमड़ा है।।

डग भर-भर कर चलती मुग्धा से, वसुधा पर खुशियाली छायी।
झरनों में लख, तव नख शिख छवि, नदियों में भी हलचल आयी।।

ओष्ठों पर नथ की कंचन छाया या युग्म कली का सूरज को वंदन है।
हे प्रकृति रूपसी ! धरती से अम्बर तक, तेरा प्रति पल अभिनन्दन है।।

❖ ❖ ❖ ❖ ❖

वर्ष का अंतिम सोपान

आगत के स्वागत में, हे वर्ष ! विगत बन जाना होगा।
परिवर्तन के काल चक्र का अनुपालन करना होगा।

बारह रंगी पोटलियाँ ले, जब आये तुम पग धर-धर कर।
हर्षित था तब जग जीवन, मधुमासी रंगों में भर कर।

खुशियाँ चहकीं कभी, कभी आँखों ने सावन बरसाया।
जिसने जैसा बीज था बोया, उसने है वैसा फल पाया।

आगामी समय है समीप, अब मंगलमयी विदाई तुमको।
डूबो लेखनी मसि में अब, इतिहास सहेजेगा तुमको।

❖ ❖ ❖ ❖ ❖

गुजरता साल

जाते हुए साल ने पलटकर,
जब पीछे देखा तो उसे लगा,
सब कुछ धुँधली यादों के कोहरे जैसा है,
जिनके संग इतना वक्त गुजारा है
जाते हुए उन्हें एक बार,
बस एक बार और जी भर देख लूँ।
मगर यह क्या ? ये सारे लोग तो मुँह फेरे खड़े हैं
सब कुछ ठीक तो है न इनके बीच ?
दिन रात मैंने जिनकी कामयाबी के लिए
'वक्त' से दुआएँ की थी
उन्हें आज क्या हो गया ?
ऐ वक्त ! तू ही बता, यह सब क्यों खफ़ा-खफ़ा है ?
मैं हर पल तुझसे यही कहता रहता था,
भले कुछ भी न दे तू,
बस मेरे रहते इनके चेहरों पर
नूरानी खुशी को हर पल, बिखेरते रहना।
मेरे प्यारे वक्त ! तुझे याद हो या न याद हो,
मैंने कहा था, कि इतिहास और इसके
लिखने वाले बहुत कठोर हैं।

तुम मेरे रहते ऐसा कुछ न करना
जो ये स्याह रंग में
मुझे वक्त के पन्नों में कैद कर इतिहास बना दें
जब ऐसा कुछ भी नहीं हुआ
तो ये ऐसा क्यूँ कर रहे हैं ?
अपनी चुप्पी तोड़ 'वक्त' बोला,
"देख ये इसी इंतजार में मुँह मोड़े हैं,
कि तू कब जाये ?
और कब वे नये साल के साथ जश्न और रंगरलियां मनायें।
मैं तो ऐसे तमाशे देखते-देखते बूढ़ा हो गया हूँ।"
जाते लम्हों को रोक वर्ष बोला
"मैं समझ गया, देख मेरे दोस्त
मैं गुजरा साल हूँ, जिसे कोई सलाम नहीं करता।
जब वक्त के साँचे में ये सब ढलते जायेंगे तब उस बीच
इन्हें मैं बहुत याद आऊँगा।
ऐ वक्त ! मेरे मालिक ! इन सबको
खुशियों से नवाजना
ताकि अपने गुजरे दिनों को याद करके
ये खिलखिला पड़े।
और मैं निहाल हो जाऊँ।"

❖ ❖ ❖ ❖ ❖

नव वर्ष तेरा अभिनन्दन

देहरी छूते तेरे पद की, आहट मेरे मन आँगन में है।
भूले से कुछ छूटे पल की, चाह शेष तब आगम में है।

पथ में सुमन भले न हों, साँसों में सुरभि बसती हो।
शूल भरी जीवन बगिया में, पंछी की चहक गूँजती हो।

दिन में तपन भले ही हो, साँझ सुहावन मतवाली हो।
नभ का साया सिर पर हो, भू रज ममता बरसाती हो।

आशाओं के बुझते दीपों को, जज़्बात रोशनी देते हों।
वर्ष ! तेरी पदचापों से पतझड़ बसन्त बन जाते हों।

❖ ❖ ❖ ❖ ❖

मैं वक्त हूँ

व्यथाओं ! सुनो
तुमसे मिलने फिर मैं आऊँगा
वक्त हूँ मैं संग गति के जख्म
भरने शीघ्र आऊँगा।

धरा पर सिलवटें गहरा गयीं हैं
भू-गर्भ पर चोटें घनेरी आ गयीं हैं
वृक्ष, डाली, सुमन, कलिका
तितलियों से प्रवंचित हो गई हैं।
तैरते हंसों को सुरभित सरों में,
देखने मैं फिर से आऊँगा।

व्यथाओं ! सुनो
तुमसे मिलने फिर मैं आऊँगा
वक्त हूँ मैं संग गति के जख्म
भरने शीघ्र आऊँगा।

नीला नभ श्यामल हो गया है।
पंक्षियों बिन वृक्ष गूँगा हो गया है
देखकर कृशकाय नदियाँ,

केवट अचंभित हो गया है।
यमुना के शान्त तट पर
कृष्ण का रास देखने फिर मैं आऊँगा।

व्यथाओं ! सुनो
तुमसे मिलने फिर मैं आऊँगा
वक्त हूँ मैं संग गति के जख्म
भरने शीघ्र आऊँगा।

इमारतें खड़ी हैं घर की नीवों पर।
थके रिश्ते टंगे हैं खूँटियों पर।
सूनी देहरी, सूना अंगना,
नेह खोजते अपने घर में
मौन हुए रिश्तों के ओठों से
शंख-ध्वनि, सुनने फिर मैं आऊँगा।

व्यथाओं ! सुनो
तुमसे मिलने फिर मैं आऊँगा
वक्त हूँ मैं संग गति के जख्म
भरने शीघ्र आऊँगा।

संस्कृति-सुरों की वीणा मौन है
फिर चहुँ ओर सुगबुगाता कौन है ?
ये प्रकम्पित ओंठ प्रकृति के हैं ?
इस करुण गान पर मानव मौन है
व्यथा वेदना के तट पर,
मानव मन याचित
क्षमा माँगने फिर से आऊँगा।

वक्त हूँ मैं संग गति के जख्म
भरने शीघ्र आऊँगा।
व्यथाओं ! सुनो
तुमसे मिलने फिर मैं आऊँगा।

❖ ❖ ❖ ❖ ❖

मेरे पिता

जब तुम थे बचपन कितना बच्चा था,
मन खेल खिलौनों में डूबा रहता था।।
बेटी बेटा का भेद कभी न जाना मैंने।
बड़भागी थी जो तुम्हें पिता कहा मैंने।।
पत्थर की चट्टानों पर नदिया बन बहना।
स्वेद बिन्दुओं से, अपनी परिभाषा लिखना।।
बोझ उठाना पर बोझ कभी न बनना।
तुम्हारी ये सीख बनी है मेरे जीवन का गहना।।
गोद बिठाकर जब तुम नभ दिखलाते थे।
जगमग करते सारे स्वप्न चमक जाते थे।।
जब कोई सुनहरा पल मुझको छू जाता है।
मेरी आँखों से तेरा प्यार छलक जाता है।।

❖

पिता मीठी यादों का बचपन है।
पिता बच्चों के सिर की छत है।।
पिता तो उम्मीदों की सीढ़ी है।
पिता मर्यादाओं की ड्योढ़ी है।।
पिता समस्याओं का रफूगर है।
कोशिश पिता से ही कारगर है।।

पिता के पास जो जेब होती है।
जमा की बड़ी खर्च की छोटी होती है।।
कम पैसों में वह घर चला लेता है।
ख्वाहिशों का भी पेट भर देता है।।
यह पिता है जो सारे जीवन का प्रहर है।
पिता ही सीढ़ी से गुम्बद का सफर है।।

❖

तूफान के थपेड़ों को सहता इक दिया बमुश्किल जलता रहा,
अँधेरे का निशां मिटाने को वह दिया से दिये जलाता रहा।
तूफान फिर आया इस बार चुक गया था तेल उसका,
दिये की बुझती बाती बन वह धुएं से अलविदा लिखता रहा।

❖ ❖ ❖ ❖ ❖

मेरी माँ

पीले पड़ चुके थे पन्ने उसके
लेकिन उसे छू कर और पढ़ कर
मैं महसूस करती कि 'राम' मेरे बहुत करीब हैं
पढ़ते-पढ़ते एकाएक पन्नों के बीच
उदित होने को बेताब दिखा
सुर्ख लाल आधा सूर्य !!!
मेरी उंगलियों के छूते ही वह पूरा
सूरज बन, मेरी हथेली पर आ गया
अरे ! ये तो वही सूरज है जिसे
देखे बिना मेरा सबेरा नहीं होता था
माथे की सिलवटों के बीच उभर कर कभी-कभी
गुस्सा करने वाले ऐ सूरज ! मैं पहचान गई तुझे
याद आया....... जब मुझे तुझ पर
बहुत प्यार आता था
तो जी भर कर तुझे मैं चूम लिया करती थी
वो लाल सूरज ममत्व अपनत्व की
थाती बनकर मेरे पास अभी भी है
बात कुछ ऐसी थी......

रामायण को पढ़ते पढ़ते
उसके पन्नों में दबी वह बिन्दी थी
मेरी माँ की।

❖

जिसमें बँधी हैं कुछ चाभियाँ कुछएक सिक्के,
जिसमें टपकी हैं झूठे आँसुओं की बूँदें।
दर्द को बेपनाह करने वाली वो गरम फूँकें
जिनसे होकर गुजरी हैं
वो अपरा सुगंध कैद है मेरे ज़हन में
जो कोना हैं मेरे माँ के आँचल का।

❖ ❖ ❖ ❖ ❖

चन्दा मामा

जब मैं छोटी सी बच्ची थी,
माँ संग आँगन में लेटी थी।
आसमान में यूँ तो घना तारामंडल था।
लेकिन आँखों को चन्दा ही भाता था।
वह रात रूपहली चादर थी
यादों की सुनहरी गागर थी।
माँ बोली बेटी ! चाँद देख,
आले में जलता दीप देख।
ये दीप रोशनी देता है।
पर तेल चुके बुझ जाता है।
चाँद प्रकाश का ज्योति पुँज,
आलोकित जिससे सृष्टि कुँज।
दिन भर का जितना दर्द पले
सब कहना इसकी छाँव तले।
चंदा की गोदी में सिर रखकर
तू रो लेना जी भर-भर कर।
अपना दर्द किसी से न कहना
रिश्ते सब हैं नकली गहना।

माँ की थपकी से कब सोई मैं
जब जागी तब ये जानी मैं।
यह कहकर माँ तो चली गयी।
'मामा' से नाता जोड़ गयी।
पीड़ा का भारी बोझ,
जब मेरे सिर पर चढ़ जाता है।
माँ के कहने पर
आसमान का चाँद, मुझे बल देता है।

❖ ❖ ❖ ❖ ❖

भाई

माँ के हाथों से छौकी दाल में, घी जैसा होता है भाई
त्योहारों में बने व्यंजनों का स्वाद जैसा होता है भाई।

पिता के जीवन का, सबसे मजबूत स्तम्भ होता है भाई
घर की आन बान शान में, ऊँचा शिखर होता है भाई।

प्रत्येक बहना की मुँह सुनी, वीर गाथा होता है भाई
बचपन के खेलों की, विजयी मुस्कान होता है भाई।

झगड़े लड़ाईयों के खट्टेपन में, मीठी मीठी अंबिया है भाई
पिता की थपथपाहट में, ममत्व की गरमाहट है भाई।

❖ ❖ ❖ ❖ ❖

रक्षाबन्धन

राखी बाँध कर जब बहना, घर वापस जाती हैं।
नेह प्यार मे डूबे रिश्तों की आँखें भर आती हैं।

जो ऊर्जा का संबल है, जो अपनेपन का सागर है।
कच्चे धागों से बाँध बाँध, वह भरती रिश्तों की गागर है।

देहरी से आँगन तक गूँजी मीठी यादें कभी न कम हों।
वीरा संग बीते बचपन का, माँ के घर पर संगम हो।

राखी रोली अक्षत के संग, बहना का प्यार नहीं चुकता।
दे जाती हैं इतना कुछ, जो क्षण-क्षण घटे नहीं घटता।

❖ ❖ ❖ ❖ ❖

दस्तक

आज मेरे ज़हन के किवाड़ पर किसी याद ने दस्तक दी है।
उठूँ झाँक कर देखूँ दरवाजे से,
आखिर कौन सी याद है ?
इधर मैंने सांकल खोली
उधर यादें मेरा दिल छू गयीं।
अरे सखी ! तू क्या मेरे मायके की चिट्ठी लायी है ?
तेरी छुअन तो मेरी माँ को ही ले लायी है।
रूक जरा बैठ खटोले पर बक्सा तो उठा लाऊँ मैं।
जिसने माँ तक पहुँचने की अधूरी ख़्वाहिशों वाली,
ढेरों चिट्ठियों को अंतस् में सजा रखा है।
ये चिट्ठियाँ नहीं सिसकियाँ है मेरे दर्द की
किसी चिट्ठी में माँ की सिली फ्राक है
सिल पर पिसी मेंहदी और
हाथों में खनकती हरी चूड़ियों का जिक्र है
और किसी में घेवर के साथ
राखी बंधी भैया की कलाई की सावनी महक है
तो किसी में थपक कर बालों में
उँगली फिराकर कहानी सुनाती
पंखा झलती दादी की धुँधली सी सोंधी याद है।
माँ ! रात में जगाकर अपने हाथ से
जब तू निवाले खिला कर अपने आँचल से
मेरा मुँह पोंछती थी उन उनींदी आँखों की

वो भूख बहुत रूलाती है मुझे।
मैं उस दिन तुझे चिट्ठी लिखना,
नहीं भूलती जिस दिन
काम के बोझ से मैं भूखी ही सो जाती हूँ
मेरी कई चिट्ठियों के अक्षर मिटे मिटे से हैं।
क्या करूँ ? उस दिन आँखों ने
लेखनी से पहले चिट्ठी लिखने की
जैसे होड़ मचा रखी थी।
वह दिन था..... जब स्कूल से आकर
मेरी बिटिया ने नन्हें हाथों से बना एक कार्ड देकर
मेरी गोद में चढ़कर मेरा मुँह चूमा और कहा,
''हैप्पी मदर्स डे''
माँ ठीक ऐसा ही कार्ड तो मैं तुझे देना चाहती थी
सुन माँ **!!!** मेरे दिल के पिटारे में,
तेरी यादों का बहुमूल्य खजाना है।
मुझे मालूम है तू अब नहीं है।
लेकिन मेरे मन के अलिखित पन्ने यह कहते हैं,
मत रोओ, 'तुम सारा कुछ मेरे वक्ष पर लिख डालो'
जिसका लहू प्रतिपल तेरे दिल से गुजरता है।
वह कहीं नहीं..... यहीं है, तेरे आस पास है।

❖ ❖ ❖ ❖ ❖

बरखा

हवा के काँधों पर रखी है बौछारों की डोली।
पिय ऋतुराज के द्‌वारे चली बरखा अलबेली।।

चंदा से मुखड़े पर लाल गुलाब की बिन्दिया।
ओठों पर चमकती है बूँदों जड़ी नथुनिया।।

बिजली के दर्पण में मेघा जैसे केश संवारे।
इन्द्रधनुष को ओढ़, लजाते हैं नैना कजरारे।।

सागर पिता भर-भर अँजुली, रत्न लुटाते।
आम नीम पीपल के पत्ते कहरवा बजाते।।

पाँवों में रचती है गुड़हल फूलों की लाली।
नदियाँ मिलकर सजा रही विदा की थाली।।

गले मिल टप टप रो रही फुलवारी आली।
पिय के द्वारे बरखा का परछन करती हरियाली।।

❖ ❖ ❖ ❖ ❖

जीवन जल बहने दो

मैं नदिया कल-कल कर बहती चट्टानों को छूकर भी कितनी कोमल हूँ।
सदियों का इतिहास छिपाये, लहराती ज्यों जगती का आँचल हूँ।।

मेरी गोद में सो कर नन्हा सूरज, सुबह-सुबह नभ पर प्रकाश फैलाये।
मेरे आँचल में मुँह पोंछ पोंछ, चन्दा निशि में तारों के दीप जलाये।।
वेदों की मसि बनकर सुरसरि ने दुनिया को अक्षर ज्ञान दिया।
सरजू में अँजुली भर तुलसी ने राम अमिय का पान किया।।

मैं नदिया कल-कल कर बहती चट्टानों को छूकर भी कितनी कोमल हूँ।
सदियों का इतिहास छिपाये, लहराती ज्यों जगती का आँचल हूँ।।

नील यमुन में अवगाहन कर पीताम्बर ने, ब्रज को हरित वितान दिया।
कालिंदी पर वंशी से लिख राधे-राधे, कान्हा ने सुर को प्रगट किया।।
सरस्वती के पग पखार कर, कवि कुटुम्ब ने शब्दों का संसार दिया।
चारों धामों से बह आती नदियों ने देवों को - पुष्पित अर्घ्य दिया।।

मैं नदिया कल-कल कर बहती चट्टानों को छूकर भी कितनी कोमल हूँ।
सदियों का इतिहास छिपाये, लहराती ज्यों जगती का आँचल हूँ।।

गोमती, गोदावरी, झेलम के जल में नभ निरख, धरा मन मुदित हुयी।
प्रिय को छूने की ललक लिए तट बन वह, दोनों छोरों में सिमट गयी।।
पर्वत से बह आती नदियों ने, दुनिया को, जल का स्रोत दिया।
लेकिन नदियों को मलिन बना, हमने जल-जीवन लजा दिया।।

मैं नदिया कल-कल कर बहती चट्टानों को छूकर भी कितनी कोमल हूँ।
सदियों का इतिहास छिपाये, लहराती ज्यों जगती का आँचल हूँ।।

भाला, तलवार, धनुष की टंकारों ने, जब-जब शोणित का विस्फार किया।
क्षत विक्षत घावों को धोकर, फिर युद्ध हेतु मैंने वीरों को पुष्ट किया।।
भागीरथ के अथक तप श्रम ने, गंगा माँ को धरती पर भेजा है।
रे क्रूर मनुज! तू बता आज मेरा विषाक्त ये जल प्रपात क्यूँ बना मृत्यु का डेरा है।

मैं नदिया कल-कल कर बहती चट्टानों को छूकर भी कितनी कोमल हूँ।
सदियों का इतिहास छिपाये, लहराती ज्यों जगती का आँचल हूँ।।

❖ ❖ ❖ ❖ ❖

कहाँ गया 'घर'

ढलती उम्र में अपने 'घर'
मकान से लगते हैं
सच तो यह है कि
ये भीगी यादों की वज़ह लगते हैं।

कहकहे ठहाके गूँजते हैं
घर की ईटों में
मगर सच तो यह है कि
ये उदासियों की वज़ह लगते हैं।

चोंच से कबूतर
खरोंचते हैं रोशनदानों को
मगर सच तो यह है कि
ये सन्नाटे की वज़ह लगते हैं।

खिड़की से झाँकते हैं रोज
सूरज के खिले-खिले चेहरे
मगर सच तो यह है कि
ये जिन्दगी के घटने की वज़ह लगते हैं।

खाने की मेज पर
रखें है स्वादिष्ट व्यंजन
मगर सच तो यह है कि
ये बेस्वाद थाली की वज़ह लगते हैं।

सजा है घर कीमती
साज ओ सामान से
मगर सच तो यह है कि
ये पलकों पर आँसुओं की वज़ह लगते हैं।

मेरे ख्वाब और ख्याल
जागा करते हैं जहन और दिल में
मगर सच तो यह है कि
ये उनींदी दास्ताँ की वज़ह लगते हैं।

❖❖❖❖❖

कोरोना

सूरज से पहले उठना,
प्रथम धरा वंदन करना।
अंगना की तुलसी सींचना
बाल सूर्य को अर्घ्य चढ़ाना।
गायों को रोटी देना,
चिड़ियों को दाना चुगाना।
निर्धन, असहायों की सेवा करना
यजन दान करते रहना।
आज की जीवन शैली से,
इस दैनिक चर्या का लुप्त होना।
विगत के बन्द दरवाजों की दराजों में
झाँक, आँखों का भर जाना।
ये प्रायश्चित है 'आज' का
एकान्त बैठ चिंतन करना
इंसान काँपा प्रकृति कोप से,
कोरोना है बस एक बहाना।

❖ ❖ ❖ ❖ ❖

लॉक डाउन

घर के गेट का जाम हुआ
आधा हिस्सा
धीमे-धीमे झूलते पर्दों का
बंद खिड़की से खुल जाने का हठ
बालकनी में कबूतरों की गुटरगूँ
किचेन में सत्ता से बेदखल
धूल का पोस्टर लगाये, विपक्षी बरतन !!
बाथरूम की बाल्टी !
जिसे डर सता रहा था
डस्टबिन बनने का
शीशे की धूमिल अल्मारियों
में दबा किताबों का कुनबा
किन्हीं किन्हीं पन्नों का
अपने वक्ष में दबी
गुलाब की कली
से गुज़री यादों का
बतियाना।
आज....... बदला सा महका सा है।
दिये रोशन करने को
खुली खिड़कियों से
झाँकते हैं बच्चे
बालकनी में सारा "घर"

बजाता है शंख घंटी और थाली।
रुपसी हुई बाल्टी, रोज देर तक
सुनती है बहते नल की थाप में
थिरकते गानों की धुन।
तमाम व्यंजनों के बीच
विपक्षी बरतन सत्ता पक्ष
के साथ बंटवा रहे हैं भोजन
किताबें अपनी कैद से मुक्त हो
सिरहाने बैठ कर दे रही हैं ज्ञान।
''मकान'' को घर बनाने का ख्वाब
अभी तक अधूरा अधूरा सा था
आज गेंदों की धपधप
किचन की छौंकों
अंत्याक्षरी और क़हक़हों
के ठहाकों से वो ख्वाब,
पूरा हुआ सा लगता है।
'लॉक डाउन' जैसा भय
अलविदा होगा और होगा।
लेकिन मकानों की ये मीठी
यादें, उसकी ईंट ईंट में 'घर'
करे बिना नहीं रह पायेगी।

❖ ❖ ❖ ❖ ❖

माली

मत तोड़ो फूलों को न ही कैद करो उनको बंद किताबों में,
सूनी सूनी टहनी को छूकर माली रोयेगा उपवन में।

खोद खोद मिट्टी का बोरा सिर रख कर ढोया जिसने,
ठिठुरन, वर्षा, घोर तपन में पौधे को पाला जिसने।

अपने हाथों से सींच सींच, पत्तों को चमकाया जिसने,
खिलते फूलों की आस लिये काँटों को भी चुना जिसने।

खुरपी और काँटों से बिंध गई हथेली माली की,
कैसे सह पायेगा माली, बिछुड़ी यादें उस डाली की।

कलियाँ, डाली, पौधा, पत्ता, माली की छुअन से सुरभित है,
त्याग साधना से वह शिल्पी, पिता बना पुलकित है।

❖ ❖ ❖ ❖ ❖

नन्हें पौधे की करुण कहानी

साँझ ढले, आँगन में बैठी, डूबी थी मैं मन की उलझन में,
हवा के आते झोकों संग, इक बीज आ गिरा आँचल में।
क्यारी की गीली मिट्टी में मैंने बोया वह बीज जतन से,
पानी भर कर, पत्ता-पत्ता सींचा करती अपने हाथों से।
भोर हुए मैं गिनती थी शाखों में कितने नव पल्लव जन्मे ?
इन्द्रधनुष से रंग ले कर सावन ने फूलों में कितने रंग भरे ?
उगते बढ़ते, खिलते पौधे को मैं निरख-निरख हर्षाती?
जैसे चीं-चीं करती चिड़िया, हर डाली पर झूल-झूल इतराती।
वह समय बहुत लम्बा था, जब मैं घर से कोसों दूर रही,
लौटी तो, सूखे पत्तों की मुरझाई झुकी टहनी थी।
बदरंग हुए फूलों के पौधे को, तीखे काँटों ने लील लिया,
आँगन के मधुमास को जैसे पतझर ने मुझसे छीन लिया।
जड़ तक उपजी इस अनिष्टकारी कुसंगति से पौधे को कैसे बचाऊँ मैं,
जग में जीवनदायी पौधों के हित, असुरी काँटों को बेबुनियाद कर डालूँ मैं।

❖ ❖ ❖ ❖ ❖

क्या होगा 'आज' का 'कल'

हरे बिरवों की बात न करो,
अब नकली उपवन भाता है।
साँझ ढले बच्चों का बचपन,
मोबाइल लील जाता है।
'ऊँच नीच' 'गुट्टे, 'गुड़िया', 'चोर सिपाही'
खेल अब गूगल में दिखता है।
पेड़ों चढ़, कूद फाँद कर, दौड़ लगाना
अब वीडियो में कैद दिखता है।
रोगों में जकड़े बचपन, यौवन में
अब वृद्धावस्था की दस्तक है।
यह समय का बदलाव है **!!**
या पूरा समाज विज्ञान का बन्धक है ?
किस घर में कब से कौन रह रहा ?
यह पड़ोसी तक नहीं जानता है।
घर के बन्द किवाड़ों से सट कर,
अब सांकल कौन बजाता है ?
महलों की चहार दिवारी पर
सोये रिश्तों का मौन बोलता रहता है।
'कल' अपनापन कहाँ खोजेगा ?
यह सोच 'आज' घबड़ाता है।

❖ ❖ ❖ ❖ ❖

पतझड़ का आमन्त्रण

पतझड़ ने पीले पत्तों पर लिख पाती भेजी है,
आ जाओ मधुमास ! कि डाली रीती रीती है।

नीले नभ के आँगन में, धवल चाँदनी फैली है,
सूखी कलियों ने तुमको विरुदावली भेजी है।

पतझड़ ने पीले पत्तों पर लिख पाती भेजी है,
आ जाओ मधुमास ! कि डाली रीती रीती है।

क्षितिज के पनघट पर, सावन की गागर छलकी है,
बदरी बिच छिपे सूरज की, स्वर्णिम आभा झलकी है।

पतझड़ ने पीले पत्तों पर लिख पाती भेजी है,
आ जाओ मधुमास ! कि डाली रीती रीती है।

सूखे पत्तों की खड़ खड़ में टहनी की करुण रुलाई है,
आँधी के बली थपेड़ों ने, तरु की शाख झुकाई है।

पतझड़ ने पीले पत्तों पर लिख पाती भेजी है,
आ जाओ मधुमास ! कि डाली रीती रीती है।

कोटर को पंक्षियों के घर की चाह घनेरी है,
विहंगों के कलरव बिन वन की भाषा गूँगी है।

पतझड़ ने पीले पत्तों पर लिख पाती भेजी है,
आ जाओ मधुमास ! कि डाली रीती रीती है।

सुनो मेरे मधुऋतु ! सुख दुःख की यही कहानी है,
पतझड़ पीले पत्तों से करता तेरी अगवानी है।

आ जाओ मधुमास कि डाली रीती-रीती है,
पतझड़ ने पीले पत्तों पर लिख पाती भेजी है।

❖ ❖ ❖ ❖ ❖

जीवन की ढलती साँझ

जब मैं चलते-चलते थक जाती हूँ, उगता चन्दा थपकी देता है,
जीवन के दुखते घावों में पीत बिम्ब सूरज हल्दी भरता रहता है।
मेरे जीवन को खुशनुमा बनाने में, ये कौन सुगन्धित पल चुनता है?
ये संसार है मेरे अपनों का, जो नेह के प्रसून सजाया करता है।
मुझे याद है, मीलों तक ये रास्ते मेरे बढ़ते पाँवों में शूल चुभोते थे,
मीलों मील चलाकर ये मंजिल के नाम से भटकाते थे।
जब से मुझे ये लगा कि माँ ने तलवों में अपने हाथ लगा रखे हैं,
यकीनन तभी से मेरे पाँव, काँटों को कुचल कुचल कर बढ़ा करते हैं।
न जाने कितनी बार हम, तपते मरु में पंजों के बल चले हैं,
जीवन की ढलती दोपहरी में अब ये सारे घाव भर चले हैं।
तुम सोचो, चाँदी सी उम्र संजोये कितनी सोने की मोहरे हैं,
गर्व करो, आगे बढ़ने में मेरे डग ढलान में भी नहीं ठहरे हैं।
यह पीले पत्तों का मधुवन है, जो उपवन में सुन्दर रंग भरे,
यदि चमकीला सा दिन न ढले, तो कल का सूरज कौन लखे।

❖ ❖ ❖ ❖ ❖

क्षणभंगुर जीवन

अगवानी में पलक बिछाओ, जीवन के प्रति पल की।
जाने कब ? कौन सा पल ? आँख से ओझल हो जाये।।

सुंदर सरस गीत की धुन को, मुक्त कंठ से नित दुहराओ।
वीणा के उलझे तारों में, सुर संगम न लय हो जाये।।

रंगबिरंगी फुलवारी को शब्दों का गहना पहनाओ।
डर लगता है तूफानों में मधुमास न सो जाये।।

प्यार में डूबे सम्बन्धों को भाव सलिल में ही बहने दो।
भौतिकता की सुनामी में अपनापन न गुम हो जाये।।

अपने सत्कर्मों की मसि से जीवन के पृष्ठों को भर दो।
भावों के दलदल में फँस कर कहीं लेखनी न थम जाये।।

क्षणभंगुरता का चिन्तन, यदि दर्शन बन मुखरित हो जाये।
द्विगुणित ऊर्जा में डूब डूब सारा जीवन सुरसरि बन जाये।।

❖ ❖ ❖ ❖ ❖

जीवन सुख दुःख का संगम

हृदय का सागर जब-जब उफनाया, आँखों ने अश्रु बिखराये,
आँसू की लड़ियों ने फिर दुखों के काले केश सजाये।

सघन तपन की ऊष्णा ने जब-जब धरती का तन झुलसाया,
शीत बिन्दुओं से भर अँजुली, बादल ने भूतल महकाया।

पतझर की विकल वेदना ने जब-जब गुलशन वीरान किया,
चम्पा चमेली की कलियों ने, फिर बिखर-बिखर मधुमास दिया।

भयानक काली रातें जब, बोझिल पलकों से नींद चुरायें,
चलते-चलते पथरीले पथ, जब ठोकर दे मंजिल भटकायें।

नाविक घोर झंझावातों में दृढ़ता से पतवार थामना,
कुशल योद्धा बन कर तुम सुनामी लहरों को पछाड़ना।

नियति के करकमलों से, वही पहनेगा कालजयी जयमाल,
कर्मवीर बनकर गीता का, जिसने लिखी विजय निज भाल।

❖ ❖ ❖ ❖ ❖

बुनियाद

अंतस की वेदना उदधि बन बह गयी,
बुलन्दगी का ढेर देख, बुनियाद काँप गयी।
अपने ध्वस्त भवन की बिखरी ईंटों को
और शांत पड़े तूफान को जाते देख,
बुनियाद ने रोका और पूछा।
"रे दुष्ट ! तू बच कर कहाँ जा रहा है ?
अरे मुझे ये तो बताये जा......
इतनी सारी इमारतों के बीच तूने
मेरा ही घरौंदा क्यों रौंद डाला ?"
एक प्रलयंकारी अट्टहास के साथ
तूफान ने व्यंग्य करते हुए कहा,
अरी पगली बुनियाद ! तू तो व्यर्थ ही रोती है।
गुम्बद से लेकर जमीं तक,
तेरी तो हर ईंट खोटी है।
ये तो सिर्फ और सिर्फ साजिश थी तेरी इन ईंटों की।
सीमेंट और बालू की गिरफ्त से आजाद होने की।
मेरा क्या ? मैं तूफान तो आक्रोश हूँ प्रकृति का।
मेरी तो नीति है एकता को तहस-नहस करने की।
तूफान को सुन बुनियाद चुप हो गयी,

जैसे बीते ख़्वाबों और ख़यालों में गुम हो गयी हो।
उसे याद आया वह दिन जब वो कच्ची ईंट थी।
आग में पकने के लिए आवा में सजायी गयी थी।
एक दिन शिल्पकारों के हाथों,
जब वो नींव के लिये चुनी गयी।
उस दिन अपनी मजबूती पर फक्र करती हुई,
वो टूट-टूट कर नींव में धँस गयी,
और बुनियाद बन गयी।
उसी पल उसे ये एहसास हुआ,
कि वो भी तो 'माँ' ही है।
इसीलिए दर्द और पीड़ा के तले,
बच्चों जैसी ईंटों का बोझ हँस-हँस कर सह गयी।
आत्म चिंतन से बाहर आकर बुनियाद चिल्लायी,
और बोली अरी ईंटों मेरी बच्चियों ! बस इतना बता दो।
तुम्हें इस साजिश को रचकर क्या मिला ?
अब तो तुम्हें छेनी हथौड़ी की मार से
बार-बार तोड़ा जायेगा।
एक बार तो सोचा होता
कि तुम्हारे जैसे हाड़ माँस की बनी मैं बुनियाद,
तुम्हें खड़ा करने के लिए

टुकड़े-टुकड़े बन नींव के अंधेरों में समा गयी।
परिवार हो, समाज हो, या कि राष्ट्र
ये सिर्फ और सिर्फ बुनियाद है
जो लम्बे समय तक खड़े और स्थिर रहने की हिम्मत देती है।
गुम्बद की ईंट हो या कि शिखर पर बैठा इन्सान,
जब-जब जिसने जहाँ-जहाँ
बुनियाद को नकारा है,
वक्त के हथौड़े ने
उसे दर्द दे देकर रुलाया है।

❖ ❖ ❖ ❖ ❖

अच्छाईयों का गुणत्व

तराजू के पलड़े में रखे
भारी बाँटो को देख
अच्छाईयों को कोहनी मारकर
बुराईयाँ खुदबखुद
दूसरे पलड़े में चढ़ जाती हैं
लेकिन तराजू.......
वह तो ठहरा न्यायकर्ता
बाँटो को गिरा कर
चढ़ने में देरी कर रहीं
भारी भरकम अच्छाइयों को चढ़ाता है।
अच्छाईयों के बोझ से बुराइयों का पलड़ा
ऊपर जाते जाते झटके के साथ
जमीं पर बिखर जाता है
और चूर चूर हो जाता है।
बुराइयों के छिटकते ही
बाँट को पलड़े में रख जब न्याय ने तौला
तो अच्छाइयाँ दस गुनी भारी थीं।
बुराईयों की चाल तेज
लेकिन अंत भयानक और
और विनाशकारी होता है।

❖ ❖ ❖ ❖ ❖

मेरे साथ चलो

आओ मेरे साथ चलो तुम्हें एक नगर दिखलाऊँ।
यादों के गवाक्ष से चुभन भरी वह डगर दिखलाऊँ।

स्याह रातों पर पसरा उजला सा सूरज दिखलाऊँ।
शापों की बस्ती पर वरदानों का पहरा दिखलाऊँ।

आओ मेरे साथ चलो तुम्हें एक नगर दिखलाऊँ।
यादों के गवाक्ष से चुभन भरी वह डगर दिखलाऊँ।

गगन चीरते पाखी के पंखों का साहस दिखलाऊँ।
चट्टानों को तोड़ बही, जलधारा की मृदुता दिखलाऊँ।

आओ मेरे साथ चलो तुम्हें एक नगर दिखलाऊँ।
यादों के गवाक्ष से चुभन भरी वह डगर दिखलाऊँ।

पंखुरियों में कैद छली भौंरा दिखलाऊँ।
लहरों को चीर नैय्या खेता नाविक दिखलाऊँ।

आओ मेरे साथ चलो तुम्हें एक नगर दिखलाऊँ।
यादों के गवाक्ष से चुभन भरी वह डगर दिखलाऊँ।

गिरते बढ़ते पथिकों का हाथ थामता 'कल' दिखलाऊँ।
लौहपथी की यशगाथा लिखता, इतिहास दिखलाऊँ।

आओ मेरे साथ चलो तुम्हें एक नगर दिखलाऊँ।
यादों के गवाक्ष से चुभन भरी वह डगर दिखलाऊँ।

ये सपनों का नगर नहीं, कनक-गुम्बद न गिनना।
इस नगर का वासी बन, स्वेद मसि से नभ पर लिखना।

आओ मेरे साथ चलो तुम्हें एक नगर दिखलाऊँ।
यादों के गवाक्ष से चुभन भरी वह डगर दिखलाऊँ।

❖ ❖ ❖ ❖ ❖

सतत संघर्ष

मैंने लम्बी डगर है नापी, मंजिल के मृदु आभास में,
पावों के गहरे घाव बह चले, चुमन भरे एहसास में।
सुन्दर सुरम्य स्वप्नों को, मैंने जब देखा आँखें खोलकर,
हृदय कमल तब झूम उठा, सारे स्पंदन भूल कर।
मेरे स्वप्न पथ का स्वेद बिन्दुओं ने, अभिषेक कराया,
कुमकुम बन पग के छालों ने, पदचिन्हों को खूब सजाया।
अविरलता से मन झूम उठा, सपनों में जीने मरने को,
ठोकरों को पाथेय समझ, पग नहीं थके आगे बढ़ने को।
खुरदुरे पत्थरों पर चलकर, दरिया में प्यास बुझायी है,
रेत घरौंदे बना बना, मंजिल तक डगर बनायी है।
लक्ष्य पाने की चाहत में, वीरानों ने मधुमास दिया,
फूलों ने बोझिल पलकों को, सुरमयी आभास दिया।
भान नहीं था मुझको छू मंजिल हाथों से निकल गयी,
रेत कणों जैसी वह, मुट्ठी में आकर फिसल गयी।
ओठों से लगते लगते वह, प्याला हाथ से छूट गया,
मय को बिखरा देख, साक़ी प्यासा प्यासा रह गया।
ऐ मंजिल ! तुझे छूकर, मैं जितने पल तेरे साथ जिया,
बस उन्हीं पलों में तुझको, गले लगाकर वरण किया।
संघर्षों के पथ पर चल कर, यदि लक्ष्य नहीं पाया मैंने,
उस सुखद साध्य की स्मृति में, जीवन तो खूब जिया मैंने।

❖ ❖ ❖ ❖ ❖

अनकहा

जीवन के पन्नों को लिखते लिखते
कहीं कुछ अनजाना सा
छूटता ही रहा।
बचपन भीगा था प्यार में फिर भी
कहीं कुछ अनभीगा सा
छूटता ही रहा।
नन्हें कंधों पर बोझिल बस्ते में
कहीं कुछ अनसीखा
छूटता ही रहा।
बासन्ती दिनों में मन की तितलियों से
कहीं कुछ अनछुआ सा
छूटता ही रहा।
पतझड़ की दस्तक से सहमे ज़हन का
कहीं कुछ अनसोचा
छूटता ही रहा।
जिन्दगी के इन बचे लम्हों की
इस 'अन' से ही जंग जारी है,
ताकि सब 'कहा' हो 'अनकहा' नहीं।

❖ ❖ ❖ ❖ ❖

अभी मुझे मीलों चलना है।

जब भी चलते थे बोझ उठा कर
पाँव के साथ साथ कंधे भी दुखते थे
गुजरते पड़ावों में सुकून नहीं था
तभी अपने ही हाथों से
थकन को थपथपाया था
मीलों मीलों तक फैली राहें
आगे बढ़ते मेरे कदमों को
इशारों से बुलाया करती थीं,
तभी पथ पर चल बढ़ते रहना
मेरी आदत बन चुकी है।

❖ ❖ ❖ ❖ ❖

सृजनधर्मी नारी

धरती के वक्ष पर बने
लाल महावर के पदचिन्ह....
मर्यादा अपना नाम लिख रही है क्या ?
बहती हवाओं में उड़ती चुनर संग सिमटता जहान
क्या रग रग को अपने ही
रंग में रंग डालने की कामयाब कोशिश है ?
तमाम अत्याचारों, विप्लवों के प्रतिकार में धधकती ज्वाला
क्या किसी अपराजेय योद्धा की ललकार है ?
पहाड़ों की नुकीली चट्टानों को
फोड़ कर बहती जलधार....
क्या रवानी है जिन्दादिली की ?
इतने सवालों का एक ही जवाब है....
जो आसमान ने नीली स्याही में लिख रखा है।
जानिए वह है....... विधाता की सर्वश्रेष्ठ रचना 'नारी'।

❖ ❖ ❖ ❖ ❖

बेटी के घर पर माँ की दस्तक

अपनी श्वासों में भारत की खुशबू लायी हूँ,
प्यार भरी यादों की देखो थाती लायी हूँ।

घर की देहरी ने देखी है, आँगन की आँख मिचौलियाँ,
माँ के पीछे छुप छुप कर, सखियों की वो अठखेलियाँ।
उन यादों में खोयी चौखट, हर पल तुम्हें निहार रही,
रातों में भटकन के भय से, देखो दियरा बार रही।
आँगन से चौखट तक छूटा बचपन लायी हूँ,
अपनी श्वासों में भारत की खुशबू लायी हूँ।

प्यार भरी यादों की देखो थाती लायी हूँ,
अपनी श्वासों में भारत की खुशबू लायी हूँ।

सावन के झूलों संग वो मल्हार कहरवा गूँज रहा,
रोली अक्षत की थाली में राखी का प्यार भी महक रहा।
दीपों की जग मग में, फुलझड़ियों की मस्ती फूट रही,
रंगों में भीगी भाभी, देवर संग होली खेल रही।
नव रंगों के रंग पर्व में होली का फाग लायी हूँ,
अपनी श्वासों में भारत की खुशबू लायी हूँ।

प्यार भरी यादों की देखो थाती लायी हूँ,
अपनी श्वासों में भारत की खुशबू लायी हूँ।

दादी के हाथों अर्ध्य देख सूरज चलकर छत पर आया,
तेरी खातिर मेरे कहने से चन्दा मामा बन घर आया।
हिम गंगा की धार से सिंचित, शस्य श्यामला सँवर गयी,
बेला, जूही, चम्पा, गुलाब से भारत भूमि सँवर गयी।
भारत माँ के जायों के घर से पाती लायी हूँ,
अपनी श्वासों में भारत की खुशबू लायी हूँ।

प्यार भरी यादों की देखो थाती लायी हूँ,
अपनी श्वासों में भारत की खुशबू लायी हूँ।

❖ ❖ ❖ ❖ ❖

मंगलमय : शुभ संदेश

खिलते फूलों की बगिया लख, ज्यों कोयल कूजा करती है,
रजनीगंधा खिल खिल जाती, जब चंदनिया बिखरा करती है।
रसमय पराग की क्षणिकाएँ, त्यों गुंथकर बेला की लड़ियों में,
''शुभ परिणय'' की अगवानी में जयमाल सजाया करती हैं।

❖

भोर की अरुणिमा, ''अलकों बिच फैली रहे,
इन्द्र धनुष की चूनर मुखचन्द्र सजाती रहे।
लाल गुलों का पुष्प गुच्छ अर्पित है तुमको,
जीवन के सुरभित पल मंगलमय हों तुमको।

❖

निशा के फैले आँचल को ज्यों चंदा तारों से भरता है,
सूरज, किरणों की चूनर ले, धरती को संवारा करता है।
त्यों स्वर्णिम दीपों से धाता जीवन तेरा रोशन कर दे,
नेह प्यार की क्षणिकाएँ ''जन्मदिवस'' सुरभित कर दें।

❖

निर्बाध बहे जीवन सरिता चहुँ दिशि उजियारी हो,
जग में आने के प्रथम दिवस पर छायी हरियाली हो।

❖

तितली उड़ उड़ कर, ज्यों मधुमास बुलाती,
बदरी उमड़ घुमड़ कर ज्यों पावस महकाती।
खुशियों की क्षणिकाएँ, त्यों गागर भर भर कर,
तेरे जीवन के फूल खिलाएँ, नव रंग भर कर।

❖

आकाश बहुत ऊँचा है मैंने इसे हाथों से छूकर देखा है,
सागर बहुत गहरा है, मैंने दिलों में उतर कर देखा है।
तुम बात मत करो सावन, फागुन मधुमास की,
मैंने पिघलते शीशे से पूनम का चाँद निकलते देखा है।

❖

पनघट पर भले घनी दोपहरी हो।
पर गगरी से बदरी झलकती हो।।
पथ में कंकड़ भले ही देते हों ठोकर।
पर मंजिल करती अगवानी हो।।

❖ ❖ ❖ ❖ ❖

नरेन्द्र मोदी को माँ का आशीष

जब तूने जन्म लिया था बेटा, भारत माता विहंसी थी।
वर्षों से बाट जोहती आँखें, तुझे निरख पुलकित थीं।।

लहरों की धुन में, चिड़ियों ने मिल, गायी जन्म बधाई थी।
झिलमिल करते तारों से, फैली निशि में, उजियारी थी।।

सागर की लहरों ने, रवि को जन्म की पाती भेजी थी।
तीव्र आपदा में डूबे जन को, तेरी ही आस घनेरी थी।।

ममता की छाँवों में, दूध पिला, मैंने तुझको खड़ा किया।
भीगी आँखों को चूम चूम, लोरी गाकर, तुझे बड़ा किया।।

जन्म भूमि निज विप्लव से, जब आँखे भर कर रोती हैं।
भारत के उत्कर्ष हेतु, मुझको, तेरी ही छवि दिखती है।।

उठो जागो और बिना रुके, भारत का तुम उत्थान करो।
मेरे ममत्व के आँचल में, भारत के सुरभित पल भर दो।।

❖ ❖ ❖ ❖ ❖

श्रीराम स्तवन

तुलसी के अभिराम राम तुम आय बसो मन कुँजन में।
नीलाम्बुज सी छवि तेरी, बसती मेरे नील दृगन में।।

हरषित महतारी के ललाम, दशरथ के तुम हो नेह पुँज।
ठुमुक चलत बाजत पैंजनियाँ, झंकृत है ये रघु निकुँज।।

कनक भवन के स्तम्भों में माँ कौशल्या अद्‌भुत रूप निहारी।
किलकत उठि चलत धाय से पुलकित अवध के नार नारी।।

भूषण वनमाला नयन विशाला की शोभा मनभावनी।
अपने वंशज के जन्म पर्व पर सूरज करता अगवानी।।

तुलसी मानस के हृदय पुँज, सीतापति, हनुमत स्वामी।
करजोरि विनय हम करते राम नमामि-नमामि-नमामि।।

❖ ❖ ❖ ❖ ❖

चूड़ियाँ

लाल गुलाबी हरी बैंगनी चूड़ियाँ
नाजुक कलाइयों पर
कुछ ऐसे इठलाती बलखाती हैं
जैसे मेंहदी लगी हथेलियों का
विज्ञापन कर रही हों।
चूड़ियों की खनक नारीत्व के लावण्यमयी स्पर्श की
उपस्थिति दर्ज कराती हैं।
काँच की इन चूड़ियों को पहन
हाथ सीख जाते हैं सलीके से काम करना..
चिटकन की चुभन से डर जो लगता है
ये चूड़ियाँ हम नारियों का
बंधन नहीं मर्यादा है
देहरी पर थोड़ा रुक
अपने पग बढ़ाते घर के बुजुर्ग,
चूड़ियों की खनक को बखूबी पहचानते थे
सीता, गौरी, सावित्री की
कलाइयों में सिमटती झूलती
इन चूड़ियों ने
सतीत्व को जिया है अपने में।

मर्दानी, ऊदा की चूड़ियों ने
तलवार, बरछी और ढाल के साथ
खनक खनक कर
दुश्मनों की आँखों में किरकिरी भरी है।
जब बारी आई जौहर की
तो अनगिन चूड़ियों ने आग में
खुद को झुलसा कर पिघलाया है।
और भारतीय नारी की
पवित्रता को आग में पिघल-पिघल
बयां किया है
चूड़ियाँ अबला नहीं सबला का शौर्य और धैर्य हैं।
अगर कहने पर आ जायें हम नारियाँ
तो बात बहुत सच्ची बहुत लम्बी
और बहुत गहरी है
चूड़ियाँ नारीत्व की बुलन्द आवाज हैं
इसीलिए कहती हूँ.....
"क्या तुमने चूड़ियाँ पहन रखी हैं ?"
कहने वाले अपने आप को
अब शर्मिन्दा करना बन्द करें।

❖ ❖ ❖ ❖ ❖

मातृभूमि

जग नभ में ज्योतिमय भारत ! अर्पित है गुन्थित भाव सुमन।
हे मातृभूमि ! हे सबल राष्ट्र ! तुझको मेरा शत बार नमन।।

जिसकी सुरक्षित वायु में जी कर, श्वासों की गिनती शुरू हुयी।
जिस भूमि पर चल नन्हें पावों ने शिखरों की ऊँची राह छुयी।
जिस धरा कोख़ के हरित धान ने जीवन को प्राणिक गति दी।
जिसके नभ की नीली मसि ने, वर्णों को नव आकृति दी।

जग नभ में ज्योतिमय भारत ! अर्पित है गुन्थित भाव सुमन।
हे मातृभूमि ! हे सबल राष्ट्र ! तुझको मेरा शत बार नमन।।

घर देहरी आँगन में पल कर, जब बचपन युवा हो जाता है।
सरहद पर जलता दीप बनो, यह सपना माता का होता है।
राखी बाँध वीरा के हाथों, बहना जय का मंगल गाये।
निज सुहाग की बलि दे बाला, देश प्रेम में बलि बलि जाये।

जग नभ में ज्योतिमय भारत ! अर्पित है गुन्थित भाव सुमन।
हे मातृभूमि ! हे सबल राष्ट्र ! तुझको मेरा शत बार नमन।।

❖ ❖ ❖ ❖ ❖

स्मृतियाँ

साँझ ढले नदिया के जल में चाँदी से चंदा को लखकर,
यादों को निंदिया से जगाने दिल निकला पग थाम थाम कर।

दिल पहुँचा बचपन के द्वारे, यादों के पथ पर चल चल कर,
वो देहरी चौखट की थापें, नीम तले झूलों के झोंके,
लाल चुनरिया ओढ़े तुलसी आलों पर जलता दिवला,
वातायन से देख घर अपना दिल रोया आँसू भर भर कर।

यादों को निंदिया से जगाने दिल निकला पग थाम थाम कर।
साँझ ढले नदिया के जल में चांदी से चंदा को लखकर

द्वारे की मचिया पर रखी वो दादी की लठिया,
खूँटी पर लटकी दादा की अचकन और वो टुपिया,
जलते तपते के साथ छिड़ी वो मीठी बतियाँ,
स्मृतियों के गहरे जल में दिल डूबा फिर निकल निकल कर।

यादों को निंदिया से जगाने दिल निकला पग थाम थाम कर,
साँझ ढले नदिया के जल में चाँदी से चंदा का लखकर।

दिन भर हारे थके पिता का सुबह सुबह वो पाठ पढ़ाना,
माँ का आँचल खींच खींच सारी बातें मनवा लेना,
कैसे भूलूँ माँ की थपक से मीठी निंदिया का आना,
एहसासों की मृदुल पोटली ले नाचा दिल ठुमक ठुमक कर।

यादों को निंदिया से जगाने दिल निकला पग थाम थाम कर,
साँझ ढले नदिया के जल में चाँदी से चंदा का लखकर।

कहाँ गई देहरी और चौखट, गृहलक्ष्मी की पीली थापें,
कहाँ गयी अंगना की तुलसी, आले पर जलता दियरा,
घर से रीता देख सभी को सूख गई अँगना की कुइयाँ,
मर्यादा ने घर छोड़ा फिर लाज का दामन पकड़ पकड़ कर।

यादों को निंदिया से जगाने दिल निकला पग थाम थाम कर,
साँझ ढले नदिया के जल में चाँदी से चंदा का लखकर।

साँझ ढले नदिया के जल में चाँदी से चंदा का लखकर,
यादों को निंदिया से जगाने दिल निकला पग थाम थाम कर।

❖ ❖ ❖ ❖ ❖

मेरे कान्हा

मेरे नटखट कान्हा तुम आओ फिर से जग आँगन में।
गायें, ग्वाले, राधा, निधिवन ढूढें तुमको वृन्दावन में।।

ब्रज कदम्ब की छांवों में पावस के वो सावन झूले।
रंग भरी पिचकारी से जमुना भीगे कूले कूले।।

सावन भादों मधुमास फाग, भूले रास लीला को।
संगीत मौन और सुर खोजे वंशी झांझ मंजीरों को।।

देख निर्वसन मानवता भारत का हृदय प्रकम्पित है।
निर्मम खूनी हत्यारों से आर्यों की भूमि कलंकित है।।

सारथी बिना ठहरा है रथ, वीरों की युद्ध भूमि में।
एकाकी बैठे हैं अर्जुन गाण्डीव लिए रण भूमि में।।

शंखनाद कर गीता का जन जन को जागृत कर दो।
बांसुरी लगाकर ओठों से मधुवन में सरगम भर दो।।

मटकी से खाकर माखन जसुदा का मन पुलकित कर दो।
बजती पैंजनियों के पग धर, भारत-रज को चंदन कर दो।।

❖ ❖ ❖ ❖ ❖

मेरी नयी पीढ़ी की सोन चिरइयाँ

नन्हीं की मृदुमय आहट, चम्पा की कलियाँ चटकी क्या ?
किलकारी भर कर हँसना, नभ में चंदनिया, छिटकी क्या ?
मुइयाँ में हैं दूध दतुइयाँ, मोती की लड़ियाँ, चमकी क्या ?
पहन पैंजनिया घुटनों चलती, बगिया पंछी से चहकी क्या ?
ममता तब दुगनी हो जाती, जब माँ को थपक सुलाती, वह।
देख दूध का भरा कटोरा, मुँह बंदकर, पांव से लुढ़काती, वह।
नानी के घर की सोन चिरइया, चहको, देहरी से आँगन तक।
जग गौरव की आकृति बन चमको धरती से अम्बर तक।

मैंने लम्बी डगर है नापी, मंजिल के मृदु एहसास में।
पल पल से दिन, दिन से मास, बीता तेरी ही आस में।
भारत की रक्ताभा लेकर, तू आयी मैपल के नभ में।
कुल गौरव की आकृति, तेरा स्वागत घर के आँगन में।

अनमोल भेंट हो तुम, हृदय तेरे वात्सल्य में भीगा।
कि जिसकी गुनगुनाहट में सुरों में गीत है डूबा।
क्या चौसठ बार नदिया ने कहीं फिर चाँद को चूमा ?
या फिर बाहों के घेरे में मेरा बचपन ही आ सिमटा।

"मेरे आँगन में उतरी है नन्हीं परी।
चंदनिया सी छिटकी लगी उजरी।।
घर-दुआरा हुआ रोशनी रोशनी।
तू जन्मी विहंस गयी मन मंजरी।।

❖ ❖ ❖ ❖ ❖

जुड़े रहिये जड़ों से

बड़े होकर इस ऊँचे आसमान को
मेरे बच्चे अपनी मुट्ठी में बंद कर लें
ये स्वप्न पला करते हैं
माँ बाप के ज़हन
और दिल की पर्तों में।
इन्हीं कल्पनाओं को
अपने अंतस में संजोकर
कभी कमजोर तो कभी चोटिल पंखों
से वो दोनों तुम्हारे नये
आकाश की विस्तृति में
सुबह से साँझ तक उड़ा करते हैं।
कभी इस सच को नभ
से तुमने पूछा तो होता
शायद बताते बताते
वो बूँद-बूँद बरस पड़ता
मगर समय जो नहीं था तुम्हारे पास
ख्वाबों की भूलभुलैया में भटकते भटकते तुम भूल गये।
कि आखिर तुम आये कहाँ से थे ?

कहाँ है तुम्हारी जड़ और बुनियाद ?
अगर थोड़ी सी भी फुरसत
जो तुम पा लेते कहीं।
तो सच बताऊँ ....।
तुम्हारा नाम जपते जपते
बंद कमरे के बिस्तर पर
तुम्हारी माँ "कंकाल" बन
सोयी न होती।।

❖ ❖ ❖ ❖ ❖

मुस्कान

मुझको तेरी मुस्कानों की गर उजली सी धूप मिली होती।
दिन के धूमिल अंगारों पर बुझी बुझी सी साँझ न होती।।

वीरानों में चल चल कर गर तू मेरा हाथ थामे रहती।
चुभते रक्तिम काँटों की, पथ पर ये पद पंक्ति न होती।।

घनघोर घटा की गर्जन सुन, उपवन में गर तू आ जाती।
मायूस गुलों की पंखुड़ियाँ, डाली से यूँ बिछुड़ी न होतीं।।

सरिता तट पर हाथों को थाम, दो चार कदम तू चली होती।
उत्ताल तरंगे चट्टानों से आगे बहने की जिद न करतीं।।

मेरे मन के उलझे भावों को, गा-गाकर गर सुलझा देती।
सुर में डूबी चिड़ियाँ सारी, नभ से नीड़ों तक आ जातीं।।

नभ की नीली स्याही को छू मुझको तू पाती लिख देती।
मेरे मानस के उपवन को सावन की ख़्वाहिश न होती।।

❖ ❖ ❖ ❖ ❖

उजला सबेरा

आकाश की छत्रछाया में
पल बढ़ रहीं बादल की बूँदों,
और सूरज की किरणों ने मिलकर
इन्द्रधनुषी रंगोली सजा कर
नभ को सुन्दर भोर की बधाई दी।

❖

ओस के बोझ तले दबे
हरे भरे पतों ने,
टपटप कर गिरती
ओस की बूँदों को देख
राहत की गहरी सांस ली..
नमन किया सूरज को
और झूम उठे नये दिन के उल्लास में।

❖

सूरज की अगवानी में अर्घ्य चढ़ाते ही
चाँद की रोशनी में
लगाई गई स्वप्निल पौध,
लहलहा उठती है।
बोते रहिए ख्वाब
खिलता रहे प्रभात।

झूमते इठलाते फूलों,
फुदकती गिलहरियों,
चिड़ियों की चीं-चीं ने
पहाड़ों के बीच से निकलते
आते सूरज का यशगान किया।
मुबारक हो खुशनुमा सुबह।

❖

सूरज की सम्प्रेषित किरणें,
लेकर भोर गगन में आयीं।
टप टप टपकी ओस की बूँदें,
धरा की हरी घास नरमायीं।
काली गठरी सिर पर धर कर,
निशा चल पड़ी अपने घर को।
भीनी भीनी हवा बह चली,
झूम उठी डाली अमरायी।

❖

जाते पग की रुनझुन चापों से,
निशा ने सारा लोक जगाया।
पीत झंगुलिया पहने सूरज को
देख क्षितिज ने अंक लगाया।
मृग छौनों की कूदों से जागे,
पंछी उड़ चले दाना चुगने।

खलिहानों ने स्वर्णिम फसलों से,
नव 'विहान' को मुकुट लगाया।

❖

आसमान की उजास
उपवन का सुवास
प्रकृति का मधुमास
ये है भोर का मृदुहास।

❖

''उठो, जागो और चलते रहो
जब तक तुम्हारा लक्ष्य
तुम्हारी मुठ्ठी में न आ जाये''
बीज मंत्र को आसमान के पटल पर
किरणों से सजाने वाले सूर्यदेव !
जगत का प्रणाम स्वीकार करें।
आल्हादमयी सुबह
आपका दिन सुरभित करे।

❖ ❖ ❖ ❖ ❖

माँ

हे माँ मेरी ! जननी मेरी ! तुम ममता बुनी दुशाला हो।
जीवन पृष्ठों को लिखती, लेखनी की अक्षर माला हो।

शिवता में सुरगंगा जैसी, तुम हिम किरीट सी धवला हो।
आँगन की तुलसी जैसी, तुम देहरी पर बारा दिवला हो।

हे माँ मेरी ! जननी मेरी ! तुम ममता बुनी दुशाला हो।
जीवन पृष्ठों को लिखती, लेखनी की अक्षर माला हो।

कुइयाँ की थकी रसरी जैसी, तुम नींबी पर डाला झूला हो।
धुएँ बिच जलती अगन जैसी, तुम चूल्हे पर सिकता फुल्का हो।

हे माँ मेरी ! जननी मेरी ! तुम ममता बुनी दुशाला हो।
जीवन पृष्ठों को लिखती, लेखनी की अक्षर माला हो।

गौरइया की फुदकन में तुम, चीं चीं का चंचु निवाला हो।
आँचल से मुँह पोंछें तेरे, उन नन्हों का एक शिवाला हो।

हे माँ मेरी ! जननी मेरी ! तुम ममता बुनी दुशाला हो।
जीवन पृष्ठों को लिखती, लेखनी की अक्षर माला हो।

चूड़ियों संग सूप चलाती माँ, तुम धरा का भोर उजाला हो।
अंबिया नीबू के खट्‌टेपन में, तुम भोजन की रसशाला हो।

हे माँ मेरी ! जननी मेरी ! तुम ममता बुनी दुशाला हो।
जीवन पृष्ठों को लिखती, लेखनी की अक्षर माला हो।

शैशव से ले चौथेपन तक दुःखों के लिए तुम ज्वाला हो।
आकाश से भूमंडल तक फैली सृष्टि की बीज शाला हो।

हे माँ मेरी ! जननी मेरी ! तुम ममता बुनी दुशाला हो।
जीवन पृष्ठों को लिखती, लेखनी की अक्षर माला हो।

❖ ❖ ❖ ❖ ❖

प्यार तेरे कितने रूप

बसन्त के लिए पतझड़
की सुवासित कल्पना ही प्यार है।
कल की आस में पत्थरों की चोट खाकर
कल कल कर बहती नदी की
सागर को छूने की आस ही प्यार है।
प्यार अभावों में भावों का
भरापूरा खजाना है।
प्यार जागृत है कभी झपकी भी नहीं लेता
तभी वो काँटा चुभे
कदम लड़खड़ाये
इससे पहले ही हाथ थाम लिया करता है।
क्या खूब है ये प्यार।
आँखों से बहते आँसू में खुशी है या गम
बखूबी भांप लेता है।
सम्बन्धों का रसायन, पतझड़ का मधुमास
मीरा के विष के अमिय को
जीवन सरिता में घुलने दीजिए।
प्यार दरार और तलवार नहीं,
यह सिर्फ एक एहसास है
प्यार शाश्वत है, निर्बाध है।
पावन है ठीक गंगा जल जैसा।

❖ ❖ ❖ ❖ ❖

ये लाल रंग

रंगों में एक रंग है लाल रंग।
कितनी चमक ! कितनी ताजगी है ! हर पल नया जैसा।
चाहत है ये हर दिल की।
पीले नीले बैंगनी रंग खिलखिला उठते हैं,
जब उनके गुलशन में मुस्कुराता है,
एक लाल फूल।
खिलौनों में गर बिखरा गया लाल
तो न जाने कितने लालों के चेहरे चहक उठते है।
लाल स्याही बन बिखरा, गर कापियों पर तो
गल्तियाँ आइने से रुबरु हो जाती हैं।
रुपसी की साड़ी में गर जुड़ गया लाल
तो सैकड़ो आँखें ठहर ठहर जाती हैं।
काली घनी अलकों बिच लाल,
कहीं सिन्दूर बन बिखर गया
तो पिया की दहलीज पर सुमन महक जाते हैं।
दिल को धड़कन और सासों को सुगन्ध भेंट करता है,
जब यह लहू बन कर शिराओं की नदी बन जाता है।
खंडित हो स्वाभिमान, चाहे मान देश का,
ज्वाला बन खून का धधकता है लाल रंग।
खंजर गोली और बारुदों की धुंध में,

जब कोई बेगुनाह चीत्कारें दहलाती हैं दिल..... ।
तो जिस्म से निकल, यही खुद्दार लाल रंग,
ललकारता है.... सड़कों पर उतरकर।
अरे खूंखारों ! तुम्हें बता दूँ खून खून को खींचता है।
खून से रिसती तलवार जब उलट कर
सैकड़ों जिगर पार करेंगी
तो जमीं अपने ऊपर बिखरे
लाल रंग को देख उबल पड़ेगी,
क्यों कि जमीं... जमीं अपने ऊपर
सिर्फ धानी रंग ही पसन्द करती है।
वह शस्य श्यामला है।
निर्मम हत्यारों ! जमीं को तो पढ़ कर देखो...
खींचना है तो दिलों में बहते लाल लहू को,
एक दूसरे के करीब खींचो।
रगों में बहते इस रंग में
प्रेम की थोड़ी सी चुम्बक घोल कर तो देखा
मित्रों ! ये बन्दगी होगी खुदा,
नानक, राम और जीसस की।
अगर लहू के इस लाल रंग को,
दिलों के करीब से गुजरने दो.... बहुत करीब से।

❖ ❖ ❖ ❖ ❖

कविता

भीगी आँखों का खारा जल
बह बह कर जब सागर बन जाये।
सागर के उन भीगे रसों में घुलकर
शब्दावली 'कविता' का रूप सजाये।

गीत

देख बदरिया सावन की
बाट जोहती सजनी
जब प्रियतम की राह निहारे।
वीणा की झंकारों में
छन्दों की अक्षरमाला
तब सात सुरों के 'गीत' सुनाये।

ग़ज़ल

चुकते तेल के दीपक जैसा,
अपनापन जब रिश्तों में मर जाये।
दुखते जज्बात पर,
नाजुक लब्जों का मलहम,
धीरे से 'ग़ज़ल' लगाये।

❖ ❖ ❖ ❖ ❖

कभी सोच कर तो देखिये

टपकती छत में जो तलाशता है कोना
थोड़ी देर आँख बन्द करने को
वो 'शिल्पी' गगनचुम्बी इमारतों की
छत डालने में दिमाग का कोना कोना
खाली कर देता है आपके लिए
कभी सोच कर देखिये।
बच्चों की भूख बुझे चूल्हे में झोंक
जो आपके बच्चों का टिफिन बनाने
समय पर भागी चली आती है
पैडल पर तेज तेज पांव मार कर
कितनी थक जाती है वो आया
कभी सोच कर देखिये
दूरी नापता, साईकिल को ढकेलता आता
वो चालक आपकी बहुमूल्य गाड़ी को
साफ करने और आपके सफर को
मंजिल तक आसान करने में
रास्ते में पंचर हुयी
अपनी पुरानी साइकिल को ठीक कराने में
बार-बार झुंझला कर देखता है घड़ी

कभी सोच कर देखिये
दिन की तपती दुपहरी में
अंगोछा सिर पर धरे
खुरपी ले दिन भर बुवाई, गुड़ाई
सिंचाई और सफाई करता है।
आपके लॉन की
हर पौधे के पास जाकर
सहलाता है फूल पत्तियों को
यह कहकर कि मुरझाना नहीं खिलते रहना
नहीं साहब की डाट खानी पड़ेगी
ऐसा माली घर में मासूमों के चेहरे
खिलाने को खुद कितनी बार मुरझाया है
कभी सोच कर देखिये
ये श्रम साधक है जो कभी आधे कभी पूरे,
कभी भरे पेट, कभी भूखे रहकर
अपनी थकान को भूलकर
अपनी जीविका चलाया करते हैं आपके लिए
कभी सोचकर देखिये।

❖ ❖ ❖ ❖ ❖

कुर्बानी शहीदों की

कण कण धरती का नम है क्यों ?

नभ ने झुक कर किसको चूमा ?

ये भारत रक्षक युद्धवीर हैं

जो कुर्बानी के बिस्तर पर

ओढ़ तिरंगा चले गये

गद्दार

विश्व में ठौर नहीं इनका

निर्लज्जता ओढ़ बिछाते हैं।

खुद जीते जी कितनी बार मरे

गिनती न कर पाते हैं।

नासूर कहाँ तक पाला जाये

कितना और सहा जाये

ये हैं गद्दार जो शहीदों की

मौत का भी जश्न मनाते हैं।

❖ ❖ ❖ ❖ ❖

धर्म

क्षितिज की कोख़ से निकल कर बालक सूर्य का
आकाश की गोद में पांव पसारना और
सरपट भागते अँधेरे का नदी में कूद कर डुबकी लगाना।
मुझे धर्म का मंगलाचरण जैसा लगा।
अँधेरे में डगमगाते पावों के आगे उजियारा फैलाना
सिर्फ और सिर्फ इसलिए की हर पांव की पहचान हो सके।
मुझे धर्म की परिभाषा जैसा लगा।
संस्कारों की राह दिखाते पिता की
डाँट फटकार से नन्हें मुन्नों का तंग होना
और उन मासूमों का पिता को मारने के लिये
दादा के हाथ में छड़ी पकड़ाना।
मुझे धर्म का पहला अध्याय जैसा लगा।
अपनी जड़ों और बुनियाद को प्यार से,
सींचते और भिगोते रहना।
सिर्फ और सिर्फ इसलिए कि नये पत्तों की
चमक से उपवन लहलहा उठे।
मुझे धर्म का विशेषांक जैसा लगा।
एक नन्हीं परी का स्कूल में मिले खिलौनों का
छोटे छोटे हाथों से बस्ते में भरना और घर पहुँचकर

अपन रोते हुए छोटे भाई को पुचकारना और कहना
देख मैं तेरे लिए खिलौने लायी हूँ।
मुझे धर्म की गहराई को नापने जैसा लगा।
अपनी प्यारी और बहुत प्यारी वस्तुओं को दूसरों के लिए तज देना।
सिर्फ और सिर्फ इसलिए कि उससे उन्हें ढेरों खुशियाँ मिलेंगी,
मुझे धर्म-ध्वज को फहराने जैसा लगा।
दिन भर के हारे थके पिता के लिए
नन्हीं बच्ची का स्नान गृह के छोटे नल से पानी भर
प्लास्टिक के चूल्हे पर चाय बनाना
मुझे धर्म में अध्यात्म का संगम जैसा लगा।
श्रम की स्वेद बिन्दुओं को
मंद मंद बयार के कोमल स्पर्श से सुखाना
और चाय की चुस्कियों से थकान मिटाना
सिर्फ और सिर्फ इसलिए कि ऊर्जा और स्फूर्ति का
स्रोत कभी कम न हो।
मुझे धर्म यज्ञ की पूर्णाहुति जैसा लगा।
सबसे आसान, सबसे सुगम और सुलभ
'धर्म' पंडालों की साजसज्जा और चकाचौंध में
न जाने कहाँ गुम हो गया है ?
जनमानस के लिए मृगमरीचिका बना 'धर्म' कहीं नहीं

हमारे पास हमारे आसपास है।

कभी अपने सीने पर हाथ रख कर महसूस करिये।

आपके हृदय की धड़कनों के पास 'धर्म' का अमरकोष है।

कभी प्यार का, सहानुभूति का समर्पण का चरणामृत

सामने फैली अँजुलियों में बाँट कर तो देखिये।

कभी रात के धुँधलके में दूर दूर तक फैले आकाश की ओर

अपने दोनों हाथ तो पसारिये।

आपको अनगिन टिमटिमाते तारों के बीच

एक तारा दिखायी देगा।

उस तारे को देखते ही अपने फैले हुए हाथ

जोड़ लीजिये।

वह तारा, वह अडिग, और शाश्वत ध्रुव तारा वह

ही तो धर्म है।

तभी वो आज तक आकाश के वक्ष में

अपनी जगह बनाकर

''धर्म'' का बखान कर रहा है।

❖ ❖ ❖ ❖ ❖

ये ठोकरें

एक वक्त था, ठोकरों से गिर-गिर कर चोट खाया करती थी
एक वक्त है, ठोकरों के साथ ही चला करती हूँ
अब जब मैं बिना गिरे चलना सीख गयी
तो नम आँखों से आभार जताया उन कंकड़ों का...
जो बिना रुके बिना गिरे चलने की सीख देने के लिए न जाने कब से ?
न जाने कितने पैरों की ठोकरें खाकर अभी भी राह में पड़े हैं।

❖ ❖ ❖ ❖ ❖

प्रकृति की होली

थामी नभ ने जब इन्द्रधनुष की पिचकारी
सूरज चंदा छुप गये मेघ की पर्तों में
शरमाई संकुचाई धरती, नदिया से यों बोली।
मुझे छुपा ले तू अपनी ऊँची लहरों में
असमंजस में देख धरा को
पवन उड़ा कर ले आया फूलों की चूनर
देख धरा को घूंघट में,
मुख चन्द्र भिगो न पाया
नभ फगुनाई रंगों में।

❖ ❖ ❖ ❖ ❖

www.ingramcontent.com/pod-product-compliance
Lightning Source LLC
LaVergne TN
LVHW090328210926
848480LV00004B/1331
* 9 7 9 8 9 0 3 9 2 1 7 9 9 *